Joseph Roth

Hiob

von Eva Raffel
und Helena-Lisa Näher

Schroedel Interpretationen Band 32

Druck A 1 / Jahr 2012

Redaktion: Dr. Hans-Georg Schede
Reihentypografie: Thomas Schröder, Braunschweig
Satz: Ira Petersohn, Ellerbek
Repro und Druck: westermann druck GmbH, Braunschweig
Titelbild: Ein Melamed (Kleinkinderlehrer) mit seinen Schülern, Lublin 1924. Foto: Alter Kacyzne. Aus: Alter Kacyzne: Poyln: eine untergegangene jüdische Welt. Herausgegeben von Marek Web. Berlin: Aufbau-Verlag 2000, S. 24.

ISBN 978-3-507-47731-5

Einführung

Joseph Roth hat mit *Hiob* sein ›jüdischstes‹ Buch geschrieben. Er schildert anhand der Geschichte einer Familie die untergehende Heimat der Ostjuden, den Zwang auszuwandern und das schwierige Unterfangen, sich in der Fremde zurechtzufinden. Dieser Versuch der Assimilation an ein unvertrautes Umfeld gelingt nur einem kleinen Teil der im Roman vorkommenden Personen. Ging es Roth vor achtzig Jahren in erster Linie um das Schicksal der Ostjuden, so kann seine Schilderung der oft verzweifelten Anstrengung, ein entwurzeltes Leben zu bewältigen, heute auch als ein Gleichnis von verblüffender Aktualität gelesen werden.

Die eigentliche Handlung ist mit wenigen Worten skizziert: Mendel Singer lebt zu Beginn des 20. Jahrhunderts mit seiner Frau und vier Kindern in einer jüdischen Kleinstadt irgendwo an der russisch-polnischen Grenze als Lehrer. Den beiden Söhnen droht der Militärdienst, einer von ihnen wird tatsächlich russischer Soldat, der andere flieht nach Amerika. Die einzige Tochter lässt sich mit Kosaken ein. Mendel beschließt, in der Hoffnung, wenigstens dieses Kind retten zu können, mit der Familie nach Amerika auszuwandern. Aber man muss das jüngste Kind, das seit der Geburt Epileptiker ist, zurücklassen. Doch auch in Amerika erweist sich der Zerfall der Familie als unaufhaltsam: Der dorthin gegangene Sohn fällt als amerikanischer Soldat im Zweiten Weltkrieg, worüber die Mutter vor Kummer stirbt. Vom Ältesten hört man nichts mehr. Die Tochter erkrankt an Schizophrenie. Mendel, der alles verloren hat, sagt sich von Gott los. An einem Abend kommt der jüngste Sohn. Er ist geheilt, ein berühmter Kapellmeister geworden und will den Vater nach Hause holen.

Der Roman wurde oft missverstanden, weil man gerade den Schluss falsch deutete. Der Philosoph und Schriftsteller

Ludwig Marcuse, an und für sich von *Hiob* begeistert, schreibt beispielsweise gleich nach Erscheinen des Romans: »Dieser Schluß ist [...] aufgesetzt; er ist zu pompös [...]. Roths Schluß, der sich an die Parallele zum alten Hiob klammert, ist wohl nur eine kompositorische Verlegenheit.« (Marcuse, S. 1772) Die gegenteilige Meinung vertritt Wilhelm Emanuel Süskind (1901–1970), der mit seiner überschwänglichen Einschätzung dem Roman allerdings auch nicht gerecht wird. Er antwortet direkt auf Marcuses Kritik: »Ich stimme diesem Einwand nicht bei; ich habe gerade den Schluß, das unmäßige Wunder, den Taumel des Glücks herrlich schön gefunden. Als eine Legende darf das Werk keinen anderen Schluß nehmen.« (Süskind, S. 19) Dies sind nur zwei Stimmen von vielen, aber sie zeigen, wie viele mögliche Lesarten der Roman bietet.

Diese Vielschichtigkeit wird im vorliegenden Band verdeutlicht. Ein wichtiger Aspekt neben dem für Roths gesamtes Werk bedeutsamen Schicksal der Ostjuden ist dabei der Bezug zur Bibel, genauer gesagt zum Alten Testament. Schon im Titel des Romans wird er offensichtlich, aber der Text enthält noch weitere Anspielungen auf biblische Erzählungen.

Da die Geschichte des östlichen Judentums nicht als allgemein bekannt vorausgesetzt werden kann, ihre Kenntnis aber für das Verständnis des Romans unerlässlich ist, ist der Erörterung dieser historischen Zusammenhänge und ihrer Bezüge zum Romangeschehen im vorliegenden Band ein verhältnismäßig breiter Raum gewidmet.

Schließlich scheint durch das Gewebe des Romans auch immer wieder Joseph Roths eigene Biographie hindurch. Die Ruhelosigkeit seiner eigenen fragilen Existenz und die Zerbrechlichkeit der Menschen seiner nächsten Umgebung spiegeln sich in einzelnen Zügen seiner Romangestalten wider.

Die verwendete Textausgabe und die Kürzel der Zitatnachweise sind in der Auswahlbibliographie verzeichnet.

I Biographische und zeitgeschichtliche Einflüsse

1 Biographischer Zusammenhang

Er war ein freiwilliger Flüchtling von Anbeginn. Vielleicht weil sein Vater einer war, war es in seinem Blut. Er flüchtete erst von seiner Familie. Der Krieg trieb ihn von seinem Studium weg, zu dem er nicht zurückkehrte. Wien verließ er, weil er hier keine Chance für sein Fortkommen sah. [...] Dabei litt er schon immer unter akuter Heimatlosigkeit. [...] Das Reisen war seine zweite Art, sich zu berauschen. So wurde ihm die Flucht zur Heimat.« (Morgenstern, S. 239–241)

Soma Morgenstern (1890–1976), jüdischer Jurist, Literaturkritiker und Schriftsteller, stammte aus Ostgalizien. Galizien ist eine nördlich der Karpaten gelegene Region, die seit 1772 österreichisches Herrschaftsgebiet war. In den Zwanzigerjahren war er als Journalist in Berlin tätig und gehörte ab November 1927 – wie Roth schon seit 1923 – zur Feuilletonredaktion der *Frankfurter Zeitung*. Von 1938 bis 1939 lebten die beiden Freunde zusammen im *Hôtel de la Poste* in Paris. Morgenstern beschreibt mit den zitierten Sätzen den Lebensweg seines Freundes Joseph Roth: die äußere, von geschichtlichen Ereignissen bestimmte Biographie und zugleich, auf freundschaftlich-diskrete Weise, die Persönlichkeit Roths und seine innere Entwicklung.

Roths umfangreiches Werk, das journalistische Arbeiten, Romane und Erzählungen umfasst, thematisiert auf vielfache Art die historischen Entwicklungen seiner Zeit. Er beschreibt den Zerfall des Habsburgerreiches, die Auflösung des Ostjudentums und die krisenhafte Selbstreflexion des modernen, westlichen Menschen. All diese Krisenphänomene spielen auch in seiner eigenen Biographie eine entscheidende Rolle. Am 2. September 1894 in Brody, einer galizischen Stadt am äußersten Zipfel des Habsburgerreiches, geboren, erlebte Roth im Hause seines streng orthodoxen, das heißt die Gesetze und Vorschriften des Judentums genauestens befolgenden Großvaters, Jechiel Grübel, als Kind noch die letzten Jahre des Ostjudentums und der österreichisch-ungarischen Doppelmonarchie. Am 27. Mai 1939 starb Joseph Roth im Pariser Exil.

Die Zerschlagung der alten Ordnung des Vielvölkerstaates Österreich-Ungarn nach dem Ersten Weltkrieg kam einer Zerstörung der alten Vaterordnung gleich, und Joseph Roth erfuhr sie als großen Einschnitt in seiner eigenen Biographie. Er selbst lernte seinen Vater nie kennen. Nachum (Nathan) Roth stammte aus Westgalizien und war unter Chassidim aufgewachsen. Diese mystisch-religiöse Bewegung entstand um die Mitte des 18. Jahrhunderts. Sie konnte zwar die materiellen Lebensverhältnisse der unterdrückten Juden nicht bessern, bewirkte aber durch den Optimismus, den sie ausstrahlte, dass sie ihr Elend weniger wahrnahmen. Nachum Roth hatte als angeblicher Getreidehändler eines Hamburger Exporthauses Mirjam Grübel, Joseph Roths Mutter, die im Familienkreise Mania oder auch Maria genannt wurde, 1892 im Tempel zu Brody geheiratet. Zwei Jahre nach seiner Hochzeit und kurz vor der Geburt seines einzigen Sohnes reiste Nachum alleine von Hamburg nach Berlin. Während dieser Fahrt verhielt er sich im Zug so auffällig, dass man ihn zunächst in einer Anstalt für Geisteskranke in Deutschland unterbrachte und später in die Obhut seiner Verwandten in Westgalizien gab. Diese wandten sich an einen Wunderrabbi in Russisch-Polen, an dessen Hof er den Rest seines Lebens verbrachte. Seine verlassene Ehefrau besaß den Status einer ›Agune‹. So nannte man im Judentum eine Frau, die keine Nachricht von ihrem Mann hatte, sei es, weil dieser ausge-

Joseph Roth (1894 bis 1939). Porträtaufnahme aus dem Jahr 1932.

wandert oder verschollen war. Sie galt weder als verheiratet noch ledig, weder als verwitwet noch geschieden. Sie konnte sich nicht mehr wiederverheiraten, bevor nicht mehrere gläubige Juden den Tod ihres Mannes bestätigten. Fred Grubel (eigentlich Fritz oder auch Frederick Grübel), der 1908 in Leipzig geborene Neffe Mirjam Grübels, notierte während seiner Zeit als Direktor des New Yorker Leo-Back-Instituts in seinen Erinnerungen:

> Papa unternahm es, den wahnsinnigen Schwager beim Wunderrabbi aufzusuchen und von ihm die Unterschrift für den Get [den Scheidebrief] zu bekommen, der Mania erlaubt hätte, sich wieder zu verheiraten. Aber – wie Papa mir beschrieb – Nathan Roth erschien, ein sehr gut aussehender Mann mit blauen Augen, der den Besucher nur anlachte, nichts sagte, nichts verstand und nichts tat. Papa

mußte also unverrichteter Dinge wieder abziehen. Mania blieb ihr ganzes Leben allein. (Grubel, S. 29)

Sie blieb allein und sehr auf ihr einziges Kind fixiert. Das Fehlen des Vaters veranlasste Joseph Roth immer wieder, die erstaunlichsten Geschichten über seine angeblichen Väter in die Welt zu setzen. Mal erzählte er, sein Vater sei ein Offizier gewesen, der in jeder Garnison eine andere Frau besessen habe, bei anderen Gelegenheiten stilisierte er den nie Gekannten zu einem Grafen oder einem Wiener Finanzbeamten hoch. Oft gab Roth den hauptsächlich von Deutschen bewohnten Ort Schwaby als Geburtsort anstelle des jüdischen Brody an.

Für Joseph Roth war das Ostjudentum die Heimat seiner frühen Kindheit. Die Aufteilung des Habsburgerreichs nach einzelnen Nationen durch den Vertrag von Saint-Germain-en-Laye vom 10. September 1919 traf das Ostjudentum besonders stark, da die Juden, anders als die Ungarn, Polen oder Tschechen, keiner bestimmten Nation und keinem Staatsgebiet zugeordnet werden konnten. Zwar war Roth bereits 1913 nach Wien gezogen, doch jetzt, erst im Verlust, manifestierte sich in seinem Denken ein Bewusstsein von Heimat.

In seinen Erzählungen und Romanen, aber auch im journalistischen Werk, kommen die beiden Wörter ›Heimat‹ und ›Fremde‹ auffallend häufig vor. Das Fremdwerden in der Heimat und der oft vergebliche Versuch, in der Fremde heimisch zu werden, sind die zentralen Themen Roths. Oft haben die Helden seiner Werke allerdings den territorialen Heimatbegriff durch einen mythischen Begriff von Heimat ersetzt. Roths politische Einstellung zur Frage der jüdischen Heimat wird vor allem in der Haltung gegenüber den drei Haupttendenzen sichtbar, die sich dem Judentum in seiner existenziellen Identifikationskrise anboten: Assimilation, Sozialismus und jüdische Erneuerung im Zionismus.

Für seine eigene Person entschied Roth die Frage nach der Assimilation sehr früh. Die Schüler des k. und k. [kaiserlich und königlichen] Kronprinz-Rudolf-Gymnasiums in Brody, das Roth besuchte, waren in drei Gruppen gespalten: eine sozialistisch-jiddischistische, eine assimilatorisch-polnische und eine geheime, verbotene zionistische. David Bronsen berichtet von einem Interview mit einem Mitschüler Roths auf dem Gymnasium in Brody, der versucht hatte, Roth zum Beitritt in die letztgenannte Gruppe zu bewegen. Roth soll darauf geantwortet haben: »Ich bin Assimilant. [...] Aber nicht hier. Ich bin kein polnischer Assimilant, sondern ein österreichischer.« (Bronsen, S. 46) Bei dieser Entscheidung blieb Roth sein Leben lang; sie stand jedoch nie im Widerspruch zu seiner großen Liebe zum Ostjudentum.

In den frühen Zwanzigerjahren hatte Roth, wie viele Intellektuelle seiner Zeit, mit dem revolutionären Russland geliebäugelt. Angesichts der ernüchternden Realität wandelte sich seine Einstellung jedoch schnell. Anlässlich einer Russlandreise, die er 1926 für die *Frankfurter Zeitung* unternahm, bezog er eindeutig Stellung gegen den Sozialismus. Aufschluss über seine veränderte Haltung gibt sein während der Reise geführtes Tagebuch, in welchem er seiner Enttäuschung über Russland Ausdruck verlieh. Ganz deutlich ablehnend schrieb er am 26. September 1926 in einem Brief an den Schriftstellerkollegen Bernard von Brentano:

> Alles, was Toller [Ernst Toller, 1893–1939, Dramatiker, 1919 einer der Protagonisten der Münchner Räterepublik] und Kisch [Egon Erwin Kisch, 1885–1948, Prager Journalist, Mitglied der Kommunistischen Partei] über Russland erzählt haben, war falsch. [...] Das Problem aber ist hier keineswegs ein politisches, sondern ein kulturelles, ein geistiges, ein religiöses, ein metaphysisches.

Vor allem aber am Zionismus, einer Bewegung, welche die Errichtung eines jüdischen Nationalstaats proklamierte, erhitzten und schieden sich die Gemüter. Entweder bejahte man ihn von ganzem Herzen oder lehnte ihn von Grund auf ab. Zu den entschiedenen Gegnern gehörte auch Joseph Roth.

Zionismus war eine Antwort auf die existenziellen Schwierigkeiten, denen die Juden immer mehr ausgesetzt waren, sei es durch antijüdische Regierungsmaßnahmen, sei es durch einen allgemein anwachsenden Antisemitismus. Vor allem Intellektuelle bildeten die Trägerschichten des Zionismus.

Wir sind ein Volk, ein Volk. Wir haben überall ehrlich versucht, in der uns umgebenden Volksgemeinschaft unterzugehen und nur den Glauben unserer Väter zu bewahren. Man läßt es nicht zu. Vergebens sind wir treue und an manchen Orten sogar überschwängliche Patrioten, vergebens bringen wir dieselben Opfer an Gut und Blut wie unsere Mitbürger, vergebens bemühen wir uns den Ruhm unserer Vaterländer in Künsten und Wissenschaften, ihren Reichtum durch Handel und Verkehr zu erhöhen. In unseren Vaterländern, in denen wir ja auch schon seit Jahrhunderten wohnen, werden wir als Fremdlinge angeschrieen; oft von solchen, deren Geschlechter noch nicht im Lande waren, als unsere Väter da schon seufzten. Wer der Fremde im Lande ist, das kann die Mehrheit entscheiden; es ist eine Machtfrage, wie alles im Völkerverkehre. [...] Wir sind also vergebens überall brave Patrioten, wie es die Hugenotten waren, die man zu wandern zwang. Wenn man uns in Ruhe ließe ... Aber ich glaube, man wird uns nicht in Ruhe lassen.

Theodor Herzl: Der Judenstaat. Versuch einer modernen Lösung der Judenfrage. Leipzig und Wien 1896. Nachdruck: Derselbe: Gesammelte Zionistische Werke in fünf Bänden. I. Band: Zionistische Schriften. Berlin 1905. Dritte, veränderte und erweiterte Auflage 1934, S. 27.

Theodor Herzls (1860–1904) Schrift *Der Judenstaat* gab 1896 den Anstoß zur Gründung der zionistischen Bewegung. Eine große Zahl von Anhängern fand sie auch unter den Juden des Ostens, die in bitterster Armut lebten und deren entstehendes Nationalbewusstsein durch die immer stärkere Unterdrückung, der sie sich ausgesetzt sahen, befördert wurde.

Die Frage, ob die Juden zu einer Nation werden sollten, beschäftigte Roth immer wieder; seine Antwort darauf fiel in den Zwanzigerjahren noch immer negativ aus. Er schreibt in *Juden auf Wanderschaft* (1927):

> Dieser Jude ist kein ›nationaler‹ Jude im westeuropäischen Sinne. Er ist Gottes Jude. Um Palästina kämpft er nicht. Er haßt den Zionisten, der mit den lächerlichen europäischen Mitteln ein Judentum aufrichten will, das keines mehr wäre, weil es nicht den Messias erwartet hat und nicht Gottes Sinnesänderung, die ja bestimmt kommen wird. [...] Zwischen dieser Orthodoxie und einem Zionismus, der am Sabbat Wege baut, kann es keine Versöhnung geben. [...] Man wird dann vielleicht ein eigenes Land haben, aber keine Juden. (JRW II, S. 842 f.)

Roth hielt die Besiedlung Palästinas durch die Juden zwar für legitim und sah im Zionismus eine Notlösung in großer Gefahr, aber kein erstrebenswertes Ziel. Keine seiner Romangestalten wandert nach Palästina aus oder hat auch nur einen Begriff davon, wie ein Leben in Palästina aussehen könnte. Palästina war sozusagen ein weißer Fleck auf Roths Landkarte. Weder die soziale Utopie des Zionismus noch dessen Verwirklichung passte zu seiner Vorstellungswelt.

Das Werk Joseph Roths bewegt sich in drei verschiedenen Kulturen, der deutschen, der jüdischen und der slawischen. Sprache und Literatur sind dem deutschen Kulturkreis zuzuordnen, dem jüdischen entnahm er Mythos und die Welt der Symbole, während der slawische ihm Orte und Motive lieferte. In allen drei Kulturkreisen fühlte er sich heimisch, sie vermischten sich in Brody, der Stadt seiner Kindheit, die unter den verschiedensten Bezeichnungen immer wieder Schauplatz seiner Erzählungen und Romane ist. Um 1900 waren drei Viertel der Einwohner Brodys Juden, weswegen man es auch das ›galizische Jerusalem‹ nannte.

Nach dem Zerfall des Habsburgerreichs und der Gründung der Nachfolgestaaten stellte sich für viele Bürger die Frage der Staatsangehörigkeit. In erster Linie entschied darüber die geographische ›Zuständigkeit‹, wie der Ausdruck dafür lautete. Joseph Roth war ›nach Brody in Galizien‹, seinem Geburtsort, ›zuständig‹ und wäre also polnischer Staatsangehöriger geworden. Allerdings wollte er auf gar keinen Fall in seine ursprüngliche Heimat zurückkehren. Der größte Teil Galiziens wurde nach dem Ersten Weltkrieg Polen eingegliedert. Heute gehört Westgalizien zu Polen und Ostgalizien zur Ukraine. Es gab damals nur sehr wenige Rückkehrer; zu ihnen gehörten beispielsweise Roths Mutter Mirjam Grübel, die wieder nach Brody zog, und sein Onkel Siegmund, der nach Lemberg zurückging. Die meisten der während des Kriegs nach Wien geflüchteten Ostjuden versuchten unter allen Umständen, in Österreich zu bleiben. Jeder, der sich entschied, für die österreichische Staatsbürgerschaft zu optieren, musste allerdings den Nachweis erbringen, dass er nach Rasse und Sprache zur deutschen Mehrheit der Bevölkerung Österreichs gehörte. Aufgrund dieser Bestimmung aus dem bereits genannten Friedensvertrag von Saint-Germain-en-Laye wurden Juden aus Galizien per Gesetz von der Möglichkeit ausgeschlossen, die österreichische Staatsbürgerschaft durch Option zu erwerben. Eine Verfügung des österreichischen Innenministers vom September 1921 ließ daran keinerlei Zweifel aufkommen: »Da die Juden der Rasse nach ohne Frage von der Mehrheit der Bevölkerung verschieden sind, habe ich die Verfügung getroffen, daß keinem einzigen Optionsgesuch eines Juden stattgegeben werden darf.« (Besenböck, S. 138)

Joseph Roth wohnte seit dem 1. Juni 1920 in Berlin und beabsichtigte, in Deutschland oder Österreich als deutschsprachiger Schriftsteller zu leben. Er besaß offenbar keine Geburtsurkunde und war wohl auch nicht in der Lage, sich eine zu beschaffen. So formulierte er einen sehr von der Realität abweichenden Lebenslauf, in dem er eine Galizierin und einen Deutschen zu seinen Eltern machte, als Geburtsort die deutsche Kolonie Schwaby bei Brody angab, behauptete, keiner Religion anzugehören, seinen ersten Vornamen Moses unterdrückte und Wien als Wohnort bereits seit 1913 nannte. Auch bezeichnete er sich selbst als deutschen Schriftsteller und nicht als deutschsprachigen. Einige befürwortende Begleitschreiben waren Roths Gesuch beigefügt, unter anderem eines der österreichischen Gesandtschaft in Berlin, die ihm bescheinigte: »Der Optant macht einen vollkommen deutschen Eindruck.« (Lunzer-Talos, S. 65)

Joseph Roth hatte Glück; bereits vier Tage später, am 8. Juni 1921, wurde sein Anspruch auf die österreichische Staatsangehörigkeit offiziell als rechtmäßig anerkannt. Die Furcht vor einer Nichtanerkennung jedoch – »Meine ganze Existenz«, heißt es in seinem Gesuch, »beruht auf der durch die deutschösterreichische Staatsangehörigkeit bedingten persönlichen Freiheit, innerhalb meines Kulturkreises zu wirken und wäre durch eine Verurteilung zur Heimatlosigkeit erschüttert« (Lunzer-Talos, S. 67) – blieb ihm immer in Erinnerung und ist sehr oft in seinem Werk spürbar; und tatsächlich scheint seine nationale Zugehörigkeit auch später immer wieder in Zweifel gezogen worden zu sein. Soma Morgenstern schreibt in seinen Erinnerungen an Joseph Roth, dass Benno Reifenberg (1892–1970), der seit 1924 die Feuilletonredaktion der *Frankfurter Zeitung* leitete, Roth – ohne alle gehässige Absicht – noch im Jahre 1928 als ›Pole‹ bezeichnete (Morgenstern, S. 51).

Meine Dokumentenangelegenheit ist verworren und schwierig. Sie wissen, unter welchen Umständen ich aus einem Russen ein Österreicher geworden bin – und jetzt muß ich nachweisen, daß ich ein Österreicher war. Die abenteuerlichen Mittel, mit denen ich mir Namen, Daten, Schulen, Militär verschafft habe, sollen auf ihre Grundlagen geprüft werden – und ich arbeite seit zwei Wochen daran, meine schriftstellerische und journalistische Existenz vor Behörden, die nicht wissen, wer ich bin, als die einzig maßgebende zu beweisen. Ich arbeite also mit dem Olymp, weil die Erde mich verraten würde. Mit dem Mangel an Dokumenten und mit Nachweisen, daß die Dokumente fehlen müssen. Ich lebe und erfinde zwanzig Romane – und das ist so anstrengend, daß ich meinen Roman [*Rechts und Links*, vgl. JRW IV, S. 1069] nicht schreiben kann. Ich habe eine Pause eingeschaltet. Meine Heimatsregelung steht wieder in Beziehung zu einer Hausgründung und zu den Reisen – wegen des Passes. Ohne Paß bin ich geliefert. In diesem Monat August muß ich endlich zu einem Dokument gelangen, das meiner jetzigen Identität entspricht. Seit 25 Jahren lebe ich als eine phantastische Erfindung. Sie können sich vorstellen, wie mir zu Mute ist. Jeden Tag ein Amt besuchen. Kampf gegen die böse Borniertheit der unteren Beamten und Schlauheit gegen die hohen. Operationen mit Hilfe meiner ›sozialen Stellung‹ und Protektion mit Hilfe persönlicher Beziehungen. Wenn das noch zwei Wochen fortgeht, bin ich halbtot.

Joseph Roth an Benno Reifenberg, Brief aus Wien vom 30. Juli 1928, zitiert nach JRB, S. 136 f.

Warum Roth sieben Jahre nach seiner Anerkennung als österreichischer Staatsbürger immer noch oder wieder mit der »Dokumentenangelegenheit« zu kämpfen hatte, ist unklar. Dass er, der 1925/26 Feuilletonkorrespondent der *Frankfurter Zeitung* in Paris gewesen war und in der Folgezeit im Auftrag der Zeitung Russland und den Balkan bereist hatte, keine gültigen Papiere besaß, ist schwer vorstellbar. Aber gesichert scheint sein Status als Österreicher nie gewesen zu sein.

Immer wieder problematisiert Roth den Zwang, einen Pass zu besitzen, und die Schwierigkeit, besonders für Juden, ein Ausweispapier zu erlangen. In einem am 28. September 1919 in *Der Neue Tag* erschienenen Artikel mit dem bezeichnenden Titel *Die Kugel am Bein* bringt er das Problem auf den Punkt: »Er verrät nicht einmal meine Heimat. Er konstatiert nur jene Sorte von Heimat, die durch Polizei, Bezirkshauptmannschaft, Magistrat repräsentiert wird und keine Heimat ist, sondern ein papierner, stempelbesäter Begriff: Staatsbürgerschaft. Der Paß beweist nicht, daß ich – ich bin. Er beweist, daß ich irgendein Ich bin.« (JRW I, S. 147) Für auswanderungswillige Juden war es besonders schwierig, in den Besitz gültiger Reisepapiere zu gelangen, wie Roth in *Hiob* anschaulich schildert. Aber auch schon in *Juden auf Wanderschaft* heißt es:

> Wo sind die Papiere? Und nun beginnt der letzte, erschütterndste Kampf gegen die Papiere, um die Papiere. […] Noch mußte er Papiere haben, die seine Geburt, seine Existenz, seine Identität beweisen. Und er fängt an, die Wege zu wandern, die genauso unübersichtlich, verworren, ziellos und tragisch, lächerlich im kleinen sind, wie einst die Wege seiner Väter im großen waren. Man schickt ihn nicht mehr von Pontius zu Pilatus, man schickt ihn vom Vorzimmer des Pontius zum geschlossenen Tor des Pilatus. (JRW II, S. 883 f.)

Nachdem Joseph Roth bereits vor und während des Ersten Weltkriegs kleine Prosastücke und Gedichte geschrieben hatte, fand er im Frühjahr 1919 Arbeit bei der gerade gegründeten Wiener Tageszeitung *Der Neue Tag*. Innerhalb eines Jahres veröffentlichte er dort rund 140 Artikel, die er meistens mit ›Josephus‹ zeichnete. Als die Zeitung eingestellt wurde, zog Roth im Frühjahr 1920 nach Berlin. Zunächst schrieb er dort für verschiedene Zeitungen; ab Januar 1921 war er fest angestellter Mitarbeiter des *Berliner Börsen-Courier*. Im selben Jahr begann er mit der Niederschrift seines ersten Romans. Das *Spinnennetz* wurde 1923 in 28 Fortsetzungen in der Wiener *Arbeiter-Zeitung* abgedruckt. Roth warnt in dem Roman bereits sehr frühzeitig vor der von den aufkommenden Nationalsozialisten – ›den Hakenkreuzlern‹ – ausgehenden Gefahr.

Bald darauf kam der große Durchbruch: Joseph Roth arbeitete von 1923 bis 1932 mit kurzen Unterbrechungen für die überregionale *Frankfurter Zeitung*. Er avancierte zum ›Starjournalisten‹ und konnte als solcher durchsetzen, dass ihm zum Schreiben von Romanen Zeit eingeräumt wurde. Bereits 1924 waren die Romane *Hotel Savoy* und *Die Rebellion* als Zeitungsvorabdrucke erschienen. Es folgten *Der blinde Spiegel. Ein kleiner Roman* (1925), *Die Flucht ohne Ende* (1927), *Zipper und sein Vater* (1928) und *Rechts und Links* (1929). Von August 1929 bis Mai 1930 schrieb Roth Beiträge für die *Münchner Neuesten Nachrichten*. Bald danach erschien zwischen dem 14. September und dem 21. Oktober 1930 der Roman, der Joseph Roth weltberühmt machte, in der *Frankfurter Zeitung* als Vorabdruck: *Hiob. Roman eines einfachen Mannes*. Thematisch knüpfte das Werk an die 1927 veröffentlichte große Reportage *Juden auf Wanderschaft* an. Bereits ein Jahr, nachdem die deutsche Buchausgabe des *Hiob* erschienen war, wurde die englische Übersetzung in Amerika zum ›Book of the Month‹ gekürt. Marlene Dietrich antwortete in einem Interview, welches sie am 1. November 1936 der in London erscheinenden *Sunday Referee* gab, auf die Frage nach ihrem Lieblingsbuch: »Job, by Joseph Roth«.

Eingeflossen in den Roman ist auch die Tragödie von Joseph Roths privatem Leben, die Erkrankung seiner Frau Friedl und die vergebliche Hoffnung auf das Wunder ihrer Genesung. Im März 1922 hatte Joseph Roth in Wien Friederike Reichler, genannt Friedl, geheiratet. Sie war von zarter Gesundheit, kränkelte bald und litt seit 1926 unter zunehmender Schizophrenie. Im Jahr 1929 kam sie in die Berliner Nervenheilanstalt Westend, von 1930 bis 1940 lebte sie in verschiedenen Heilanstalten in Österreich. Am 15. Juli 1940 wurde sie von den Nationalsozialisten ermordet. Dass Joseph Roth in *Hiob* Aspekte der Krankheit seiner Frau verarbeitet hat, bestätigt er selbst in einem Brief vom 7. März 1929 an den französischen Germanisten Pierre Bertaux: »Es ist richtig, daß man seine Schmerzen nicht teilen kann, man verdoppelt sie nur. Aber es liegt ein unermeßlicher Trost in dieser Verdoppelung eben. Mein Leid geht aus dem Privaten ins Öffentliche und ist also leichter erträglich.« (JRB, S. 147 f.)

Radetzkymarsch, einer von Roths bekanntesten Romanen, wurde 1932 in der *Frankfurter Zeitung* vorabgedruckt. Bereits Ende Januar 1933, gleich nach dem Machtwechsel in Deutschland, reiste Roth nach Paris; er kam nicht mehr zurück. Im Exil verstärkte sich Roths Alkoholabhängigkeit. Sie veränderte seine Erscheinung und untergrub seine Gesundheit. Abgesehen von vereinzelten Reisen (1936 nach Amsterdam, 1937 zu Vorträgen nach Polen und 1938 nach Wien) blieb er in Paris. Produktiv war er bis zum Schluss. In den drei letzten Lebensjahren entstanden die Romane *Das falsche Gewicht* (1937), *Die Kapuzinergruft* (1938), *Die Geschichte der 1002. Nacht* und *Die Legende vom Heiligen Trinker* (beide 1939). Roth starb am 27. Mai 1939 in einem Pariser Armenspital.

2 Zeitgeschichtlicher Hintergrund

Polen galt bis zur Mitte des 17. Jahrhunderts im Vergleich zu anderen Ländern als ein Hort der Geborgenheit für Juden. Aus Westeuropa, vor allem aus Deutschland waren die sogenannten Aschkenasim vor Verfolgung in Richtung Osten geflüchtet. In Unterscheidung zu ihnen nannte man die bis zu ihrer Vertreibung im Jahr 1492 in Spanien und Portugal ansässigen Juden Sephardim. Die Sprache der Aschkenasim war das Jiddische, in dem sich ein älterer Stand der deutschen Sprache, das Mittelhochdeutsche, erhalten hat. Sie bewahrten diese Sprache als einziges Gut aus der alten Heimat auf und schrieben sie mit hebräischen Buchstaben. Im Laufe der Jahrhunderte reicherte sich das Jiddische mit vielen Elementen anderer Sprachen etwa auch des romanischen und slawischen Sprachraums an. Aber das Mittelhochdeutsche ist als Grundsprache noch heute im Jiddischen zu erkennen.

In Polen, das seit der Lubliner Union von 1569 auch das südliche Weißrussland, die Ukraine, Litauen, Wolhynien (eine Landschaft in der nordwestlichen Ukraine) sowie Podlachien (eine historische Landschaft im Osten Polens) und das Gebiet um Kiew umfasste, fanden die Flüchtlinge relative Sicherheit und Stabilität vor. Man sprach von geradezu paradiesischen Zuständen für die jüdischen Einwanderer: »Das Wort ging früh um: ›Polen, der Himmel des Adels, das Paradies der Juden, die Hölle der Bauern.‹« (Döblin, S. 73)

Erst die Katastrophe von 1648 bereitete diesem sogenannten Goldenen Zeitalter der Juden in Polen ein Ende. In diesem Jahr war ein großes Kosakenheer unter Hetman Bohdan Chmielnicki vom Unterlauf des Dnjepr aus in die Ukraine, nach Polen und Litauen vorgestoßen. Die Heere drangen sogar bis nach Lemberg (heute in der westlichen Ukraine) vor. Mit beispielloser Grausamkeit richteten sie Metzeleien unter der

»Bauern, die ihnen entgegenkamen, gingen ganz langsam [...]. Manchmal blieben sie stehn und sahen sich nach den zwei schwarzen Männern um wie nach ungewohnten Erscheinungen, obwohl ihnen der Anblick von Juden nicht fremd war.« (3. K., S. 36) Markttag in Rawa Ruska (Galizien), 1910.

polnischen und besonders unter der jüdischen Bevölkerung an, denen zwischen 100000 und 125000 Juden zum Opfer fielen (vgl. Haumann, S. 40).

Nun setzte eine Gegenbewegung ein, und die Wanderung der Juden vom Westen in den Osten begann sich umzukehren. Die jüdische Bevölkerung nahm zwar trotzdem auch in Polen langsam wieder zu, verarmte aber zusehends. Politische Unsicherheit und immer wieder aufflammende Kämpfe erschwerten den Handel (die Haupterwerbsquelle für Juden), der zudem immer größeren Einschränkungen unterworfen wurde. Dreh- und Angelpunkt des Lebens im ostjüdischen Schtetl war der Marktplatz. Dort konnte man Russisch, Polnisch, Deutsch, Ruthenisch und Jiddisch hören.

In diesen Schtetln, wie man die jüdischen Kleinstadtgemeinden in Osteuropa nannte, wurden den Juden von den jeweiligen Herrschern bestimmte Privilegien wie Religionsfreiheit und kommunale Selbstverwaltung gewährt. Immer bildeten die Juden die Mehrheit der Bevölkerung in einem Schtetl, in dem sie ihrem Glauben gemäß leben konnten. Die ständige Bedrohung von außen bewirkte einen sehr starken inneren Zusammenhalt. Große Bedeutung hatte das Studium der heiligen Schriften, wozu vor allem die Knaben von klein auf angehalten wurden. Der Alltag war durch den Kampf um den Lebensunterhalt, auf jiddisch die ›Jagd nach parnosse‹, geprägt. Da die Männer die heilige Schrift studierten, fiel diese Aufgabe den Frauen zu.

Im Schtetl gab es zwar selten kulturelle Einrichtungen, aber dafür immer »eine jener ›Talmud-Tora-Schulen‹, aus denen europäische Gelehrte, Schriftsteller, Religionsphilosophen hervor gehen; und Mystiker, Rabbiner, Warenhausbesitzer«, wie Joseph Roth in seinem Aufsatz *Reise durch Galizien* schreibt (JRW II, S. 286). Er betont weiter, dass Galizien Teil von Europa sei, dass man hier französische und englische literarische Neuerscheinungen kaufen könne und dass es »mehr Kultur [habe], als seine mangelhafte Kanalisation vermuten läßt« (JRW II, S. 285). Die sprachliche Vielfalt Galiziens war für ihn das große, erstrebenswerte Vorbild für Europa.

Die Mehrzahl der galizischen Juden fristete im Kleinsthandel, im Schankgewerbe, im Pfandleihgewerbe, im einfachen Handwerk eine armselige Existenz. Die Menge der sogenannten Luftmenschen (jiddisch ›luftmentschn‹) zeugt von der großen Armut, die in den Städtchen herrschte. Marc Chagall (1887–1985) hat sie oft als über den Dächern von Vitebsk schwebende Juden gemalt, und Charlie Chaplin (1889–1977) hat ihnen in seinen Filmen ein Denkmal gesetzt. Luftmenschen nannte man die Ärmsten der Armen, die sprichwörtlich von der Luft lebten. Sie hatten keine besondere Ausbildung, kein Kapital, keinen spezifischen Beruf oder sie waren aus ihren ehemaligen Berufen Ausgestoßene.

In dieser von Unsicherheit und Verelendung geprägten Zeit wandten sich die Juden in ihrer religiösen Sinnsuche verstärkt auch mystischen Strömungen zu. Große Teile des russisch-polnischen Judentums fühlten sich vor allem von der lebensbejahenden Frömmigkeit des Chassidismus angezogen. Der Chassidismus sah das ganze Leben als Gottesdienst an, und eine seiner Hauptforderungen war die nach der Freude, mit der man Gott dienen sollte.

In dieser Welt formte sich im 18. Jahrhundert der Typus des ›Ostjuden‹. Diese Bezeichnung tauchte erstmals während des im August 1897 in Basel stattfindenden ersten Zionistenkongresses auf und erschien 1902 im Titel eines Aufsatzes von Nathan Birnbaum. Es dauerte allerdings lange, bis sich das Wort Ostjude durchsetzte und der europäischen Welt eine Vorstellung von der in sich abgeschlossenen Kultur der Juden in Osteuropa vermittelte. Die wichtigste Gemeinsamkeit dieser Gruppe war – wie eingangs erwähnt – die eigene Sprache, das Jiddische. Die ältere, geläufige Bezeichnung ›polnischer Jude‹ war in mehrfacher Hinsicht irreführend, denn auch die litauischen, wolhynischen und bessarabisch-walachischen Juden hätte man im Sinne dieser Zusammengehörigkeit ebenfalls als polnische Juden bezeichnen müssen. Und umgekehrt hätten die tatsächlich in Polen lebenden Juden sich selbst nicht polnisch genannt. Dass der Ostjude dann als Klischee in der antisemitischen Agitation eine wichtige Rolle gespielt hat, sollte, wie der Historiker Heiko Haumann meint, nicht dazu führen, auf die Bezeichnung zu verzichten (vgl. Haumann, S. 58). Vielmehr müsse die Geschichte des Begriffs Ostjude noch geschrieben werden. Mehr als zwanzig Jahre später hat sich an dieser Feststellung noch immer nichts geändert, wie die Historikerin Anne-Christine Saß in einer Arbeit über *Berliner Luftmenschen* feststellt: »eine umfassende begriffsgeschichtliche Studie [...] steht jedoch noch aus« (Saß, S. 39).

Bereits in den Jahren von 1880 bis 1914 hatte es eine große Wanderungsbewegung von etwa zweieinhalb Millionen Juden gegeben, die Osteuropa Richtung Westen verließen. Sie betrachteten Deutschland jedoch nur als Durchgangsstation auf dem Weg nach Amerika (vgl. Saß, S. 41).

Als während des Ersten Weltkriegs nach den großen Materialschlachten vor allem in Frankreich an der Somme und bei Verdun die deutsche Front zusammenzubrechen drohte, versuchte man im August 1916 mit dem sogenannten Hindenburg-Programm alle noch verfügbaren Reserven an Menschen und Material zu mobilisieren. Das führte zur Verschleppung jüdischer Männer aus Polen, die zur Unterstützung der Kriegsindustrie in Deutschland als Zwangsarbeiter eingesetzt wurden.

Später, nach dem Kriegsende im November 1918, als sich die wirtschaftliche Lage in Polen selbst ungeheuer verschlechterte und dort erneut Pogrome ausbrachen, kamen einige tausend Juden – diesmal als Flüchtlinge – über die Grenze.

Ab ungefähr 1920 ergoss sich dann wieder ein Strom von Auswanderern aus Osteuropa nach Deutschland, die sich ursprünglich hier nur vorübergehend aufhalten wollten, um von Hamburg oder Bremen aus die Schiffspassage nach Amerika anzutreten. Die Flüchtlingsbewegung der Nachkriegsjahre erreichte ein unerhörtes Ausmaß. Der Völkerbund schätzte die Zahl jüdischer Flüchtlinge im Jahr 1921 auf 200 000 (vgl. Saß, S. 43). Die meisten von ihnen kamen für kürzere oder längere Zeit im Berliner Scheunenviertel unter, einem Stadtquartier zwischen dem Hackeschen Markt und dem heutigen Rosa-Luxemburg-Platz, dessen Name damals »synonym gebraucht wurde für Elend, Anrüchigkeit und Verbrechen« (Geisel, S. 12). Für die in Berlin geborenen und in der dritten, vierten Generation dort – vorzugsweise in Charlottenburg – ansässigen, längst assimilierten Juden waren die im Scheunenviertel gegen das alltägliche Elend ankämpfenden Ostjuden nicht minder exotisch, als sie es für die übrigen Deutschen waren. Die alteingesessenen deutschen Juden befürchteten damals, der Anblick der ärmlichen Ostjuden werde dem schon vorhandenen deutschen Antisemitismus zusätzlich Nahrung geben. Sie versuchten deshalb, die ostjüdische Einwanderung entweder, soweit es ging, zu verhindern oder aber den durchreisenden Ostjuden so rasch wie möglich zur Weiterfahrt zu verhelfen. Diese *Flüchtlinge aus dem Osten* waren es, denen Joseph Roth schon 1920 ein gleichnamiges Feuilleton widmete, das am 20. Oktober in der *Neuen Berliner Zeitung* erschien. Er schildert den Lebenslauf eines jungen Juden aus Budapest, der durch die politischen Zeitläufte aus der Lehrzeit in einem Kolonialwarenladen in die Rote Armee, dann nach Rumänien, in die Slowakei und schließlich nach Berlin getrieben wird, von wo aus er über Hamburg nach Amerika gelangen möchte. Erst einmal landet er aber in einem Logierhaus für Juden, die wie er aus dem Osten geflüchtet sind. »Pogromangst schweißt sie zusammen zu einer Lawine aus Unglück und Schmutz, die, langsam wachsend, aus dem Osten über Deutschland rollt. […] Im ganzen sind 50 000 Menschen aus dem Osten nach dem Kriege nach Deutschland gekommen. Es sieht freilich aus, als wären es Millionen. Denn das Elend sieht man doppelt, dreifach, zehnfach. So groß ist es.« (JRW I, S. 384 f.) Roth führt hier dem Leser die ursprüngliche Bedeutung des Wortes Elend, »in fremdem Land, aus dem Frieden der angeborenen Rechtsgenossenschaft ausgewiesen, verbannt«, deutlich vor Augen (Friedrich Kluge: *Etymologisches Wörterbuch der deutschen Sprache*. Berlin und New York, 21. Auflage 1975, S. 163).

Ganz anders stellte sich die Situation in Wien dar, das in den seltensten Fällen nur Durchreisestation war. Die dorthin geflüchteten Juden siedelten sich in der Leopoldstadt an und versuchten unter allen Umständen, auch da zu bleiben. Nur ganz wenige von ihnen kehrten nach dem Krieg wieder in ihre ursprüngliche Heimat zurück.

Gustav Landauers Aufsatz *Ostjuden und Deutsches Reich,* der 1916 in Martin Bubers Zeitschrift *Der Jude* erschien, prägte in den folgenden Jahren entscheidend die Darstellung und Bewertung der Ostjuden in der deutschen Literatur. Die Hoffnung darauf, dass die Ostjuden in ihrer kulturellen Identität und ihrer regionalen Verwurzelung gerettet werden könnten, ging mit der Verwüstung Europas im Zuge des Ersten Weltkriegs zugrunde. Diesem Verhängnis begegnete Landauer mit der Vision einer radikalen Erneuerung des gesamten Judentums aus der Geistigkeit des Ostjudentums. Aus ihr könne die westliche Zivilisation Kräfte zu ihrer eigenen Veränderung schöpfen. Die Krise der westlichen Welt könne in der Begegnung mit dem Ostjudentum überwunden werden.

In seiner vielbeachteten Analyse arbeitet Landauer insbesondere den ursächlichen Zusammenhang von westlicher Kultur und Krieg heraus. Sein Aufsatz bildet die Grundlage der Kriegsdarstellung im Werk Joseph Roths. Die Begegnung mit dem Ostjudentum spielt aber auch in den Nachkriegsschriften anderer Autoren eine entscheidende Rolle. Zu nennen sind in diesem Zusammenhang beispielsweise Alfred

---

Und am Ende wäre es auch gut für diese europäische Menschheit, deren ererbte Hoffnungsfülle und deren Gesunkenheit eine andere, aber nicht minder große ist wie unsere, wenn wir es in ihr, wie sie jetzt ist, nicht mehr aushielten. Es wäre nicht das erste Mal in der Geschichte der Menschheit, daß Ausgesetzte und Flüchtlinge zu Pionieren, daß Davonläufer zu Vorläufern geworden sind.

Gustav Landauer, Ostjuden und Deutsches Reich (1916), S. 439.

Döblin (1878–1957), Franz Kafka (1883–1924), Lion Feuchtwanger (1884–1958) und Arnold Zweig (1887–1968). Kafkas Tagebuchnotizen, die Essays von Roth und Zweig sowie Döblins Reiseberichte sind Beispiele für das zu Beginn des Jahrhunderts erwachende Interesse an ostjüdischer Literatur und Kultur. In der Modernismuskritik des Ostjudentums lag für viele der deutsch-jüdischen Schriftsteller der Gegenentwurf zu dem auf Krieg und Zerstörung ausgerichteten Machtstreben der Nationalstaaten. Sie verbanden damit die Vorstellung von der Möglichkeit eines ›wahrhaften‹ und ›ursprünglichen‹ menschlichen Daseins. Diese Utopie schildert allerdings keiner der genannten Autoren so berührend wie Joseph Roth in *Hiob* in einer Szene zwischen Mendel Singer und dem Fuhrmann Sameschkin. Nachdem die Deichsel ihres Wagens gebrochen ist, sitzen beide, der Jude und der Bauer, auf dem Boden, beiden ist zum Weinen zumute. Da legt der Bauer »einen Arm um die dünnen Schultern Mendels und sagte leise: ›Schlaf, lieber Jude, schlaf dich aus!‹ « (7. K., S. 82)

3 Entstehungsgeschichte

»Jetzt bin ich nirgends geboren und nirgends zu Hause. Das ist seltsam und furchtbar, und ich komme mir selbst vor wie ein Traum, der keine Wurzel hat und kein Ziel, keinen Anfang und kein Ende, der kommt und geht und selbst nicht weiß, woher und wohin.« Dem Rhythmus dieser Passage aus Roths Fragment *Heute früh kam ein Brief …* (JRW IV, S. 1037) kann man sich kaum entziehen. Es entstand wahrscheinlich kurz vor *Hiob* und weist schon auf die Haltlosigkeit und Verlorenheit hin, in die Roth die Erkrankung seiner Frau stürzte.

Friederike Roth, genannt Friedl, litt seit 1926 unter zunehmender Verwirrung und krankhaften Zuständen. Spätestens 1928 musste Roth einsehen, dass seine Frau an Schizophrenie erkrankt war. Für ihn bedeutete die Erkenntnis eine furchtbare Katastrophe. Er fühlte sich schuldig und unternahm alles nur denkbar Mögliche, um Friedl zu helfen. Auf schreckliche Weise wiederholte sich in seinen Augen die ›Strafe Gottes‹, als welche unter frommen Juden der Wahnsinn gilt. Schließlich war auch die Abwesenheit des Vaters durch dessen geistige Umnachtung bedingt gewesen. Nun verfiel seine Frau demselben ›Dämon‹, wie er die unheilbare Krankheit in Briefen an Freunde immer wieder nannte.

Zum Heimatverlust als Folge des Weltkriegs kam durch Friedls Erkrankung noch die Tragik der persönlichen Situation hinzu. In einigen Briefen schilderte Roth seine große Verzweiflung darüber. Noch zuversichtlich im Ton klingt zwar die Äußerung in einem Brief vom 27. Februar 1929 an Stefan Zweig (1881–1942): »[...] eine langwierige Krankheit meiner Frau (die immer noch nicht gesund ist). [...] ich habe in einem Anfall von Leichtsinn die Verantwortung für eine junge Frau übernommen. Ich muß sie irgendwo unterbringen, sie ist schwächlich und hält das Leben an meiner Seite körperlich nicht aus.« Doch ein halbes Jahr später war der Schatten, der auf sein Leben gefallen war, nicht mehr zu überspielen:

> Meine Frau ist sehr schwer krank in die Nervenheilanstalt Westend überführt worden, und ich lebe seit Wochen ohne Möglichkeit, eine Zeile zu schreiben und ringe mir mühsam das zum Leben notwendige Zeilenschreiben ab. [...] Das Wort Qual hat plötzlich einen grauenhaften Inhalt bekommen, und das Gefühl, vom Unglück umgeben zu sein, verläßt mich nicht für einen Augenblick. (Brief vom 2. September 1929, Briefwechsel Roth/Zweig, S. 24 f.)

Am 10. Dezember desselben Jahres klagte Joseph Roth dem deutsch-französischen Schriftstellerkollegen René Schickele

(1883–1940) sein Leid: »Seit August ist meine Frau schwer krank, Psychose, Hysterie, absoluter Selbstmordwille, sie lebt kaum – – und ich gehetzt und umringt von finsteren und roten Dämonen [...] ohnmächtig und gelähmt, hilflos.« (JRB, S. 156) Roth begann vermehrt zu trinken. Seine finanzielle Situation verschlechterte sich zusehends, denn er kam nicht in demselben Maße zum Schreiben, wie er es gewohnt war, da die Sorge um Friedl ihn häufig davon abhielt. Zudem kostete die Unterbringung seiner Frau sehr viel Geld. Er ließ nichts unversucht. Sogar einen chassidischen Wunderrabbi konsultierte Roth in der Hoffnung, dieser könne Friedl heilen. In verschiedenen Personen des *Hiob* verarbeitete Joseph Roth die Erkrankung seiner Frau; vor allem aber trägt Mirjam Züge Friedls. Wer sie gekannt hatte, bestätigte, dass Roth schon mit der äußeren Beschreibung der Tochter Mendels eine genaue Schilderung seiner jungen Frau gab.

Während Roth in Paris im Winter und Frühjahr 1929 an seinem Roman schrieb, begann er, sich in wissenschaftliche Texte über Psychiatrie und psychische Erkrankungen einzulesen, wie sein Freund Soma Morgenstern berichtet. In Kaffeehäusern bestellte er medizinische Zeitschriften, die er unentwegt studierte. Sogar eine Serie von Artikeln über Psychiatrie schrieb er in dieser Zeit und bot sie der *Frankfurter Zeitung* an, die sie jedoch ablehnte. Später erschien diese Serie im Berliner *Tagebuch* (Joseph Roth: *Psychiatrie*. In: *Das Tagebuch*, Berlin, Jahrgang 11, Heft 26 vom 28. Juni 1930, S. 1036 bis 1041. Abgedruckt in: JRW III, S. 215–221).

Schließlich musste er Friedl in eine Berliner Nervenheilanstalt einweisen lassen. Ende Februar 1929 schrieb er an den französischen Germanisten Félix Bertaux (1881–1948), er habe inzwischen zwölf Stunden täglich an seinem Roman gearbeitet und wolle die letzten 30 Seiten in Paris schreiben, pro Tag eine Seite. Am 21. März konnte er dem Freund mitteilen, der

Roman sei fertig und er selbst sehr zufrieden mit dem Ergebnis. Immer wieder betonte er den Zusammenhang zwischen dem Roman und der Erkrankung seiner Frau, wie im Brief vom 1. April 1930 an Stefan Zweig: »Bald bekommen Sie die ersten Abzüge vom Hiob. Ich hoffe, er wird Ihnen ein bißchen von der Freude bereiten, die er mir macht. [...] Drinnen, bei mir, bin ich sehr traurig. Zehn Jahre meiner traurigen Ehe lassen sich noch nicht verwinden.«

Joseph Roths ergreifendster Roman ist somit auch das Produkt einer tiefen Lebenskrise. Die Vorwürfe, die er sich wegen der Krankheit Friedls machte, furchtbare Schuldgefühle, Versagensängste, Resignation bis hin zu Hoffnung und sogar Wundergläubigkeit – alle diese Empfindungen fanden Eingang in den Roman.

II Inhaltsangabe

Erster Teil

Kapitel I

In den ersten Jahren des 20. Jahrhunderts lebt der dreißigjährige Mendel Singer in dem erfundenen Städtchen Zuchnow, irgendwo im Westen Russlands in der Nähe der damaligen polnischen Grenze. Nur in diesem schmalen Streifen ist Juden die Ansiedlung erlaubt. Mendel Singer ist Kleinkinderlehrer und kann sich und seine Familie nur notdürftig ernähren. Die Kinder, denen er das Lesen und erste Bibelkenntnisse beibringt, kommen zu ihm ins Haus. Es verfügt nur über eine einzige Stube. Die Familie besteht aus ihm, seiner Frau Deborah und drei Kindern, zwei Jungen und einem Mädchen. Ein viertes Kind ist unterwegs. Mit den Söhnen Jonas und Schemarjah ist Mendel streng, die kleine Tochter Mirjam aber verwöhnt er mit Liebkosungen. Er ist trotz der drückenden Existenzbedingungen zufrieden und gläubig, hält die vorgeschriebenen Gebete ein und klagt nicht. Seine Frau Deborah dagegen ist unzufrieden und macht ihm ständig Vorwürfe wegen der Armut, in der sie leben, der spärlichen Ernten, ihrer Schwangerschaft. Aber auch sie hält die religiösen Vorschriften ein, reinigt das Haus an jedem Freitag, dem Rüsttag, und zündet dann bei anbrechender Dunkelheit die Sabbatkerzen an. Im Hochsommer kommt sie mit einem Knaben nieder. Er wird vorschriftsmäßig beschnitten und Menuchim genannt. Bald zeigt sich, dass das Kind in seiner körperlichen und geistigen Entwicklung zurückbleibt. Anlässlich einer Impfung in Zuchnow kommt der Amtsarzt auch in Mendels Haus und stellt fest, dass Menuchim unter Epilepsie leidet. Der Arzt bietet der Familie an, den Kranken kostenlos in einem Krankenhaus zu behandeln. Deborah wäre bereit dazu,

Mendel ist es jedoch nicht. Er betet und fastet, Deborah kümmert sich vor Sorge nicht mehr richtig um den Haushalt. Eines Tages bringt sie Menuchim zu einem Wunderrabbi. Er verheißt ihr die Gesundung Menuchims, trägt ihr gleichzeitig aber auch auf, den Sohn nicht zu verlassen.

Kapitel II

Mendel reagiert aufgebracht auf die Verheißung des Wunderrabbis, die sich in irgendeiner fernen Zukunft erfüllen soll, und bekommt einen Tobsuchtsanfall. Von nun an müssen sich die drei Geschwister um den kranken Bruder kümmern. Er ist ihnen lästig, und eines Tages versuchen sie, ihn in einer Regentonne zu ertränken. Aber Menuchim überlebt. Mendel und Deborah entfremden sich immer mehr, ihre Liebe erkaltet und sie leben nur noch nebeneinander her. Eines Tages spricht Menuchim sein erstes Wort, das jedoch auch sein einziges bleibt: »Mama« bezeichnet alles, Hunger, Schmerz, Müdigkeit und Einsamkeit. Deborah beginnt, ihre großen Kinder zu vernachlässigen, und kümmert sich nur noch um Menuchim.

Kapitel III

Zehn Jahre sind vergangen. Deborah erinnert sich daran, dass sie, während sie mit Menuchim schwanger war, einmal Mirjam, die sich von der mütterlichen Hand losgerissen hatte, in einer Kirche bei Glockengeläut und Orgelspiel fand. Auf diesen kurzen Aufenthalt in der Kirche führt Deborah nun die Erkrankung ihres Jüngsten zurück. Inzwischen erfreut sich Mirjam heimlich an den Nachstellungen der in Zuchnow stationierten Soldaten. Jonas und Schemarjah versuchen mit allen Mitteln, der Rekrutierung zum Militärdienst zu entgehen – in der Kaserne würden sie die jüdischen Gesetze und Speisevorschriften nicht befolgen können. Deborah und Mendel beten um die Verschonung ihrer Söhne. Aber es hilft nichts, die Einberufungskommission erklärt beide für tauglich. Auf der Fahrt nach Hause sind sie zum ersten Mal in ihrem Leben verschiedener Meinung. Schemarjah will Jude bleiben in der Tradition seines Vaters und seiner Vorväter. Jonas hingegen erklärt unvermittelt, eigentlich gerne Soldat werden zu wollen, und nimmt das Angebot eines Bauern, aus dessen Flasche Schnaps zu trinken, an. Er betrinkt sich. Auf dem Weg von der Bahnstation ins elterliche Haus streiten sich die Brüder ernsthaft über ihre jeweilige Vorstellung eines zukünftigen Lebens. Die Nachricht, dass sie beide tauglich seien, löst blankes Entsetzen bei Mendel und Deborah aus.

Kapitel IV

Deborah beschließt gegen Mendels Willen, einen Vermittler aufzusuchen, der ihre Söhne gegen Bezahlung vor dem Militärdienst bewahren soll. Sie kratzt ihre Ersparnisse zusammen. Als Mendel ihr die Vergeblichkeit ihres Vorhabens vorhält, spuckt sie ihm zornig vor die Füße und schimpft ihn einen dummen Lehrer. Mendel, der sich in seiner Existenz angegriffen fühlt, wendet sich Menuchim zu. In den stillen Stunden mit seinem kranken Sohn, wenn außer ihnen beiden niemand im Haus ist, fühlt er sich am wohlsten. Er schlägt mit einem Löffel an ein Glas und merkt, dass Menuchim lauscht. Als von ferne Glocken erklingen, hebt Menuchim aufgeregt den Kopf und ruft das einzige Wort, das er kann, »Mama«. Inzwischen handelt Deborah mit dem Vermittler. Die Ersparnisse vieler Jahren reichen nur aus, um einen ihrer Söhne vor der Kaserne zu retten. Als sie nach Hause kommt, erklärt Jonas, freiwillig zu den Soldaten zu gehen. Am nächsten Tag verdingt er sich als Pferdeknecht beim örtlichen Fuhrmann. Er trinkt mit ihm und geht mit den Bauernmädchen ins Heu. Mendel ist verzweifelt; dieser Sohn ist verloren.

Kapitel V

Im August erscheint ein Bote des Schleusers, um Schemarjah abzuholen. Die Familie nimmt traurig Abschied, aller Wahrscheinlichkeit nach für immer. Nach dreitägiger Wanderung gelangen Schemarjah und sein Begleiter an die Grenzschenke. Mit etlichen anderen Flüchtlingen erreichen sie Polen. Sorgenvoll denkt Schemarjah an seine schmale Geldbörse und seine Zukunft, aber auch voller Sehnsucht an das heimische Morgenritual. – Zu Hause erheben sich zur gleichen Zeit Mendel und Deborah, Menuchim und Mirjam. Trauer um die beiden Söhne und die ausbleibende Heilung des Jüngsten bestimmen die folgenden Jahre. Jonas schreibt ab und zu, von Schemarjah hört man nichts.

Kapitel VI

Eines Tages betritt ein Fremder Mendels Haus und übergibt einen Brief. Schemarjah hat ihn geschrieben. Er ist nach Amerika gelangt und berichtet, auf welche Weise er sich das Geld für die Überfahrt verdiente, wie er seine Frau noch in Europa kennenlernte und nach Amerika nachkommen lassen konnte. Er teilt ferner mit, dass er auf dem Wege war, in Amerika ein Schneider zu werden, jetzt aber mit Mac, dem Überbringer des Briefs, ein Versicherungsbüro betreibt. Mit dem Versprechen, Schiffskarten für alle zu schicken, und dem Hinweis, dass er, Schemarjah, in Amerika »Sam« genannt werde, schließt der Brief. Beigelegte Photographien zeigen Schemarjah und seine Frau Vega. Nachdem der Fremde gegangen ist, kommt es zu einer heftigen Diskussion zwischen Mendel, Deborah und Mirjam. Das Mädchen ist sofort bereit, der Einladung nach Amerika zu folgen. Aber Mendel und Deborah wenden ein, dass Menuchim nicht mitreisen könnte. Traurig verlässt Mendel das Haus, um zu beten. Auch Mirjam nimmt ihren gelben Schal, um, wie so oft, die Nachbarn zu besuchen.

Postkarte von 1915: Die »Imperator« der Hamburg-Amerika-Linie (HAPAG), seinerzeit das größte Schiff der Welt (276 Meter lang) mit 1100 Mann Besatzung und bis zu 4175 Passagieren.

Die Juden beten auf freiem Feld, um den Neumond zu begrüßen. Anschließend wandern sie, jeder für sich, in ihre Häuser zurück. Nur Mendel bleibt mit schwerem Herzen allein am Rande des Feldes. Er fühlt sich unendlich einsam und verloren. Ein Soldat kommt mit seinem Liebchen aus dem Feld. Mendel, der sich verbirgt, erkennt am gelben Schal, dass es Mirjam ist. Er eilt nach Hause, hört Deborahs Klagen, dass Mirjam ständig unterwegs sei, und geht zum Bethaus. Nach einer durchbeteten Nacht steht sein Entschluss unverrückbar fest. Er teilt Deborah mit, dass man, um Mirjam vor den Kosaken zu retten, nach Amerika ziehen müsse.

Kapitel VII

Um nach Amerika zu gelangen, braucht man Papiere. Deborah kümmert sich darum und bittet wieder einmal den Fuhrmann, sie in die Stadt mitzunehmen. Sameschkin kommt betrunken vom Schweinemarkt, und Deborah muss sich seiner Zudringlichkeit erwehren. Aber sie schafft es, eine Fuhre für den folgenden Montag mit ihm zu verabreden. Zu Hause erklärt Mendel ihr, dass er selbst aufs Amt fahren müsse, um die Papiere zu beantragen. Deborah ist entsetzt, sie kann sich Mendel nicht vor einem Wachtmeister vorstellen. Schließlich sieht sie die Notwendigkeit ein. Mendel gibt Mirjam indirekt zu verstehen, dass er ahnt, wohin sie abends zu gehen pflegt. Mirjam denkt an die Männer in Amerika. Sie wird hinausgeschickt, um die Fensterläden zu schließen. Das Häuschen mit den Eltern darin erscheint ihr wie ein Sarg. Als alle schlafen, geht sie vor das Haus, sucht mit den Augen die Kaserne und zählt in Gedanken die Kosaken, mit denen sie schon im Kornfeld war. Den ganzen Sonntag verbringt sie mit einem von ihnen und trinkt mit ihm sogar Schnaps im nächsten Dorf.

Am nächsten Morgen fährt Mendel mit dem Fuhrmann Sameschkin nach Dubno zum Amt. Er wird von einem Beamten zum anderen geschickt, wartet, lässt sich schikanieren. Da er die kyrillische Schrift nicht schreiben kann, wird er an den Amtsschreiber verwiesen, der ihm das Gesuch für die Ausreisepapiere aufsetzen soll. Da Mendel nicht begreift, dass er den Beamten bestechen muss, um überhaupt irgendetwas erledigt zu bekommen, wird er auf den nächsten Tag vertröstet. Im Bethaus, das den fremden Juden auch zum Übernachten offen steht, trifft er Kapturak, den Vermittler, der schon Schemarjahs Fahnenflucht organisiert hat. Er ist bereit, Mendel zu helfen. Er wird an Schemarjah schreiben, um von ihm 10 Rubel pro Kopf Vermittlungsgebühr zu erhalten, und sich dann um alle Papiere kümmern. Mendel geht erleichtert zum Fuhrmann, um noch am selben Tag nach Hause zu fahren. Sameschkin ist müde, schläft ein, die Pferde gehen durch und der Wagen rast in einen Graben. Mendel ist unendlich traurig und lässt sich von Sameschkin trösten.

Kapitel VIII

Zwei Wochen später kommt der Vermittler Kapturak und erhält von Deborah einen Vorschuss auf das von Schemarjah zu erwartende Geld. Seine Anwesenheit wird im Dorf wahrgenommen und richtig gedeutet. Man weiß nun, dass Mendels Familie nach Amerika auswandern wird. Es gehen Gebote für das Häuschen ein, aber Mendel beschließt, es nicht gegen Geld zu veräußern. Er weiß, dass der kranke Menuchim nicht nach Amerika mitkommen kann. Deswegen soll er bei einem jungen Musikerpaar bleiben, das im Begriff ist zu heiraten. Als Gegenleistung für die Pflege von Menuchim sollen sie das Haus erhalten. Deborah hofft noch auf ein Wunder: Vielleicht wird Menuchim ja doch in den nächsten drei, vier Wochen noch gesund? Mendel erklärt erneut, dass sie Mirjam aus dem Einflussbereich der Kosaken bringen müssten, dass sie aber auch nicht alleine nach Amerika geschickt werden könne. Deborah ist verzweifelt, sie kann die frühere Verheißung des Wunderrabbis nicht vergessen, verliert aber allmählich den Glauben daran, dass sie sich noch erfüllen könnte. Vor dem Haus trifft sie Mirjam, die einem Liebeslied der Soldaten lauscht, welches von der Kaserne leise herüberklingt. Sie ahnt, dass es ihr gilt. Deborah deutet Mirjam an, dass sie sich Menuchims wegen mit Mendel entzweit hat. Mirjam macht der Mutter den Vorschlag, nur zu zweit nach Amerika zu fahren und Mendel zusammen mit Menuchim zurückzulassen. Als Deborah die Idee von sich weist, erklärt Mirjam der Mutter, in Amerika erst recht ein freies Leben führen zu wollen. Deborah fragt sich, ob die Tochter womöglich recht haben könnte mit ihrer Auflehnung. Derweil trifft Mirjam sich ein letztes Mal mit einem Kosaken – dieses Mal ist es Iwan – im Kornfeld.

Da sich die Abreise Mendels herumspricht, bleiben auch nach und nach seine Schüler weg. Mendel betrachtet die Auflösung seiner bisherigen Existenz und macht sich Vorwürfe, nicht achtsam genug gewesen zu sein, um wie sein Vater und Großvater die Familie zusammenzuhalten. Er unterbreitet der Nachbarfamilie Billes den Vorschlag, das Häuschen und mit diesem Menuchim der jüngsten Tochter und ihrem Bräutigam zu überlassen. Sie sind einverstanden und vor einigen Zeugen erfolgt die Übergabe. Der Vermittler Kapturak kommt, er hat alle Papiere und von Schemarjah das nötige Geld erhalten. Deborah packt und nimmt ängstlich wahr, wie Menuchim auf die sich so offensichtlich ändernden Umstände reagiert. Sie hegt die irrationale Hoffnung, Menuchim doch irgendwie mitschmuggeln zu können. Verzweifelt gibt sie schließlich diese Überlegungen auf. Als der Wagen kommt, um sie abzuholen, muss man Deborah mit Gewalt von Menuchim trennen. Unterwegs nutzt Mirjam die Gelegenheit, mit dem Boten – es ist derselbe, der schon Schemarjah zur Grenzschenke gebracht hat – anzubändeln. Die Familie erreicht Bremen, Bremerhaven und besteigt am nächsten Morgen das Schiff nach Amerika.

Kapitel IX

In New York werden Mendel, Deborah und Mirjam von Schemarjah in Empfang genommen. Sie erschrecken vor seinem amerikanischen Aussehen. Nichts erinnert mehr an den jüdischen Sohn, er hat sich den Bart, das äußere Kennzeichen des erwachsenen Juden, abrasieren lassen und trägt amerikanische Kleidung. Er ist von Schemarjah tatsächlich zu Sam geworden. Mac, der Freund, schafft es, die Familie bereits nach vier Tagen aus der Quarantäne in Ellis Island abzuholen. Man fährt durch das sommerlich heiße New York. Mendel kann den auf ihn einstürzenden Eindrücken der Großstadt nicht standhalten und fällt in Ohnmacht. Als er erwacht, ist er verwirrt und vollkommen einsam. Die Nähe von Frau und Tochter bedeutet ihm nichts mehr, er sehnt sich nach Hause zu dem zurückgelassenen Menuchim.

Zweiter Teil

Kapitel X

Mendel findet sich damit ab, dass in Amerika alles fremd und unverständlich für ihn bleibt. Er lebt mit Deborah und Mirjam in einer kleinen Wohnung im jüdischen Viertel und versucht die Speiseregeln einzuhalten. Mirjam arbeitet als Verkäuferin und geht mit Mac, dem Freund Schemarjahs, der jetzt nur noch Sam genannt wird. Mac ist zwar kein Jude, aber in den Augen der Eltern als Freund der Tochter doch weniger unerträglich als ein russischer Kosak. Deborah trägt an Feiertagen ein Seidenkleid, ist aber trotzdem unzufrieden. Sie ist enttäuscht von Amerika. Da sie im jüdischen Viertel leben, sind die meisten Umstände ganz ähnlich wie im weit entfernten Zuchnow. Sie hatte die Heimat und mit ihr Menuchim doch nur verlassen, um ein vollkommen anderes Leben führen zu können. Sie wird depressiv und wünscht sich, Menuchim nie im Stich gelassen zu haben. Auf ihre von Zeit zu Zeit geäußerte Bitte, wieder zurückzukehren, antwortet Mendel ablehnend. Heimlich denkt aber auch er darüber nach, Menuchim zu besuchen oder sogar nach Amerika zu holen. Sam wendet, als er von dieser Idee erfährt, ein, dass das Geld für die Reise momentan nicht vorhanden sei; andererseits jedoch bestätigt er, dass Menuchim in Amerika sicher geheilt werden könnte.

Sam hat sich schon sehr gut an die amerikanischen Verhältnisse angepasst. Weder Sprache noch Essensgewohnheiten, noch die amerikanische Art, Geschäfte zu machen, bereiten ihm ernstliche Schwierigkeiten. Er lädt den Vater zum Essen ein, als habe er vergessen, dass dieser nur zu Hause isst, wo er sicher sein kann, dass die Küche den jüdischen Speisevorschriften entspricht. Mendels Leben verläuft langsam, er hastet unter der Woche nicht mehr wie in Zuchnow, nur das Beten geschieht schnell und unachtsam. Er trifft sich mit anderen alten Juden bei einem Freund, der einen Grammophonladen betreibt, und spricht mit ihnen über Politik und die Heimat. Immer wieder träumt er von Menuchim und hofft auf einen Brief mit der Nachricht, dass Menuchim gesundet sei. Eines Tages sieht er einen kleinen weinenden Jungen, der ihn an Menuchim erinnert. Noch trauriger als sonst wandert er zur Wohnung zurück. Dort wird er feierlich empfangen. Sam, Vega und Mac sind da, um zu verkünden, dass sie fünfzehntausend Dollar auf einmal verdient haben. Alle schmieden Pläne, Mendel schweigt und denkt an Zuchnow. Am nächsten Tag kommt ein Brief von der Familie Billes, bei der man Menuchim zurückgelassen hat. Er kann laufen und hat, durch einen beginnenden Zimmerbrand in Aufregung versetzt, zu sprechen begonnen. Nun soll er nach St. Petersburg gebracht werden, wo er vielleicht ganz gesund werden wird. Jonas, der kurz zuvor nach Zuchnow gekommen war, in der selbstverständlichen Annahme seine Familie dort anzutreffen, schreibt ebenfalls. Er sei zu einem geschickten Reiter geworden und schätze am Soldatendasein vor allem das Empfangen von Befehlen, da man dabei nicht selbst denken müsse. – Seit Langem sprechen Mendel und Deborah zum ersten Mal wieder freundlich miteinander. Sie erinnert ihn an die Worte des Wunderrabbis, dass Menuchim geheilt werden würde. Mendel betet, nicht hastig, wie meistens in Amerika, sondern langsam und froh.

Kapitel XI

Mendel lebt nun das zufriedene Leben eines alten Juden. Er trifft seine Freunde Menkes, den Obsthändler, Skowronnek, den Musikalienhändler, Rottenberg, den Bibelschreiber, und Groschel, den Schuster. Wenn Sam mit Vega und dem kleinen Sohn sowie mit Mac einmal in der Woche zu Besuch kommt, hört er ihren Gesprächen eine Weile zu, dann schläft er ein und träumt von Menuchim. Nachts, wenn er nicht schlafen kann, sucht er am Großstadthimmel vergeblich die Sterne des heimatlichen Himmels. Von Deborah ist er innerlich weit entfernt. Mirjam ist ausgezogen, angeblich zu Sam, aber Mendel ahnt, dass sie in Wirklichkeit bei Mac wohnt. Eines Tages kommen die beiden zu Mendel und eröffnen ihm, dass Mac nach Russland reisen will, um Menuchim zu holen. Aber bevor er reisen kann, bricht der Erste Weltkrieg aus. Mendel ist verzweifelt, Jonas ist als Soldat im Krieg, Menuchim muss in Russland bleiben. Mendel macht sich große Vorwürfe, dass er nicht gleich vor einem Jahr auf die Nachricht von Menuchims beginnender Gesundung hin selbst gefahren ist. Er betet lange Nächte hindurch, ohne dass sich seine entsetzliche Furcht um die beiden Söhne mildert.

Kapitel XII

Als Amerika seine Neutralität im Ersten Weltkrieg aufgibt (am 6. April 1917), meldet sich auch Sam zum Heer, um für sein neues Vaterland zu kämpfen. Nun sind alle drei Söhne aufs Höchste gefährdet, und Mendel gibt sich der ohnmächtigen Hoffnung hin, in der Zeitung etwas über die eigenen Kinder zu erfahren. Immer wieder sucht er in den Berichten von den Kriegsschauplätzen nach deren Namen. Jonas gilt inzwischen als verschollen, aber Mendel und Deborah sprechen nicht aus, wovon sie insgeheim überzeugt sind: dass der Älteste tot ist. Deborah versucht mit der Begründung, Amerika sei ein besseres Vaterland als Russland, halbherzig die Teilnahme Sams am Krieg zu rechtfertigen. Inzwischen führen Mirjam und Vega zusammen mit einem Herrn namens Glück das Geschäft, da auch Mac in den Krieg gezogen ist. Mendel ahnt, dass Herr Glück in Mirjams Leben die Rolle eines neuen Kosaken spielt. Im Februar (1918) kehrt Mac aus dem Krieg zurück, aber Sam ist gefallen. Mirjam überbringt die Nachricht den Eltern. Mendel bleibt äußerlich ruhig, Deborah reißt sich vor Verzweiflung die Haare aus. Mac betritt die Stube und bringt Sams Uhr, Brieftasche und Portemonnaie. Deborah bricht tot zusammen. Nun ist sich Mendel sicher, dass auch Menuchim gestorben ist.

Kapitel XIII

Mendel trauert. Die sieben vorgeschriebenen Tage lang bewegt er sich nicht aus dem Haus. Seine Freunde besuchen ihn und bringen ihm Speisen. Er bemerkt sie kaum, hält Zwiesprache mit seiner verstorbenen Frau. Er macht sich und ihr Vorwürfe, sieht in der Entfremdung zwischen ihnen die Ursache für alles Unglück. Es sei nicht die Wärme der Liebe, sondern nur die Macht der Gewohnheit gewesen, was sie zusammengehalten habe. Mendel beneidet Deborah um ihren Tod, er möchte am liebsten auch nicht mehr weiterleben. Am achten Tag nach Deborahs Tod kommen Vega und Herr Glück zu Mendel mit der Nachricht, dass Mirjam etwas zugestoßen sei. Er folgt ihnen scheinbar gleichgültig. In Sams Wohnung liegt Mirjam, sie ist verrückt geworden. Ihre sich schon in Russland ankündigende psychische Erkrankung ist nun endgültig zum Ausbruch gekommen. Mac ruft einen Arzt, der Mirjam eine Beruhigungsspritze gibt und sie in eine Anstalt einweist. Menuchim folgt dem Krankenwagen und während er in der Anstalt auf den ärztlichen Befund wartet, kreisen seine Gedanken um das Unglück der Familie. Er bereut die Auswanderung nach Amerika zutiefst und ist davon überzeugt, dass alle, Deborah und Mirjam, Jonas und Schemarjah, noch am Leben wären, hätte man nicht leichtfertig, wie er nun meint, die Heimat verlassen. Der Arzt kommt und teilt Mendel mit, dass Mirjam unheilbar krank ist. Ob es sich dabei um eine ererbte Psychose oder eine vorzeitige Demenz handelt, kann nicht mit Bestimmtheit gesagt werden. Mendel sieht Mirjam noch einmal, aber sie schläft unter dem Einfluss von Beruhigungsmitteln. Er verlangt von Vega und Mac mit harter Stimme, nach Hause gebracht zu werden. Während der Heimfahrt sagt er im Wagen zu Vega, sie solle Mac heiraten, damit Sams Kind, sein Enkelkind, nicht vaterlos aufwachse. Dass Mac kein Jude sei, solle sie nicht stören. Als Mendel alleine ist, gesteht er sich seine absolute Einsamkeit ein. Ohne Frau und ohne Kinder kann er sich seinem Schmerz stellen. Er entfacht ein Feuer und beschließt, sein Gebetbuch und alle seine jüdischen Kultgegenstände zu verbrennen. Sein Geist ist entschlossen, aber seine Arme versagen ihm den Dienst. Er schreit und tobt. Die aufgeschreckten Nachbarn rufen die vier Freunde Mendels. Menkes, der Obsthändler, Skowronnek, der Musikalienhändler, Rottenberg, der Bibelschreiber, und Groschel, der Schuster, kommen sofort. Auf ihre Fragen, was er verbrennen wollte, antwortet er, er wolle Gott verbrennen. Obwohl sie alle vier weniger gläubig als Mendel sind, schon lange in Amerika leben, die Speisevorschriften nicht einhalten, den Sabbat nicht mehr heiligen, sind sie entsetzt. Mendel beschimpft Gott als »Isprawnik« (13. K., S. 140). Der Isprawnik ist im jüdischen Schtetl der nichtjüdische Polizeichef, dessen Handlungen ausschließlich von Willkür bestimmt sind und in dem die Juden ihren größten Feind sehen. Rottenberg ruft Mendel den biblischen Hiob ins Gedächtnis, der in seiner Verzweiflung ebenfalls Gott lästerte. Groschel erinnert ihn daran, dass Hiob mächtig war, als er von Gott gestraft wurde, und dass es auch Mendel vorher gut gegangen sei. Schließlich wagt es Rottenberg, Mendel an Menuchim zu erinnern. Vielleicht werde Mendel von Gott ja dafür gestraft, dass er den kranken Menuchim wie einen bösen Sohn zurückgelassen habe. Mendel antwortet ihm zunächst nicht, sondern geht auf Groschels Bemerkung ein. Wunder, wie dem biblischen Hiob, könnten ihm, Mendel, nicht widerfahren – denn das hieße,

Sam lebte, Jonas wäre nicht verschollen, Mirjam nicht irre, Deborah lebendig und Menuchim gesund und bei ihm in Amerika. Schließlich wendet er sich doch Rottenberg zu, um ihm zu erklären, dass Menuchim nicht aus Böswilligkeit zurückgelassen wurde, sondern weil Mirjam sich mit Kosaken eingelassen habe. Der bedächtige Menkes gibt zu bedenken, dass es zwar keine großen Wunder mehr gebe, aber im Kleinen noch Hoffnung sei. Die Toten blieben tot, aber die Kranken könnten gesunden. Und er erinnert Mendel an den Enkelsohn, das Kind von Sam und Vega, um dessentwillen Mendel Trost und Liebe empfinden müsse. Mendel aber sieht nach Sams Tod keine Verbindung mehr zwischen sich und dem Enkel, er denkt an die Diagnose von Mirjams Arzt, der ihren Zustand für unheilbar hielt, und glaubt auch nicht daran, dass Jonas noch lebt. Als Groschel schließlich das Jenseits anführt, lacht Mendel ihn aus. Auch davor habe er keinerlei Angst, da er alle Qualen der Hölle schon auf Erden erlitten habe. Dem können die Freunde nichts mehr entgegensetzen und so bleiben sie in stummer Treue bei Mendel sitzen. Sie beten und Menkes sagt an Mendels statt das Totengebet auf. Die ganze Nacht wachen die vier bei Mendel, am Morgen nehmen sie ihn mit zu Skowronnek.

Kapitel XIV

Von da an lebt Mendel bei Skowronneks Familie. Sein Säckchen mit den Ritualgegenständen und dem Gebetbuch hängen die Freunde ihm ins Hinterzimmer, aber er betet nicht mehr. Ab und zu geht er sogar in das italienische Viertel der Stadt, um Schweinefleisch zu essen. Mit dem Verzehr dieser für Juden verbotenen Speise will er Gott ärgern. Trotzdem akzeptieren die Juden seines Viertels Mendel in einer gewissen Scheu vor der Größe seines Leidens. Sie betrachten ihn als denjenigen, der sämtliches Unglück auf sich geladen hat, wes-

Straßenhändler in New York City, um 1900.

halb sie verschont bleiben. Mendels Tage beginnen ohne Gebet und sie enden auch so. Des Morgens schließt er die Musikalienhandlung auf, fegt sie aus, erledigt Botendienste für die Skowronneks und deren Nachbarn. Auch zum Kinderhüten holt man ihn manchmal. Vor den hohen jüdischen Feiertagen im Herbst eröffnet Skowronnek Mendel, dass er und die Freunde beschlossen haben, im von ihm bewohnten Hinterzimmer zu beten. Mendel akzeptiert das, aber er betet nicht mit. Vega und Mac heiraten. Aus der Anstalt kommt die Nachricht, dass Mirjams Zustand sich nicht bessert. So vergeht die Zeit bis zum Ende des Ersten Weltkriegs im November 1918. Die Juden des Viertels wollen die Siegesfeiern sehen und beauftragen Mendel, währenddessen ihre Häuser und Läden zu bewachen. Er ist alleine in der Musikalienhandlung und legt zum ersten Mal in seinem Leben eine Schallplatte auf. Ein Soldat hatte sie aus Europa mitgebracht. Mendel lauscht dem Lied, das ihn sehr berührt. Zum ersten Mal, seit das Unglück über ihn hereinbrach, weint er. Wieder und wieder hört er das Lied. Als Skowronnek nach Hause kommt, liest er Mendel den Titel vor: ›Menuchims Lied‹. Die Nachbarn finden sich ein und alle zusammen hören das Lied solange, bis jeder es auswendig kann. Von nun an begleitet die Melodie Mendel von früh bis spät.

Kapitel XV

Im folgenden Frühjahr hilft Mendel überall die Häuser und Wohnungen für Pessach zu richten. Die Juden feiern ihre Befreiung aus der ägyptischen Sklaverei. Alles muss gereinigt werden, die Speisen müssen vorbereitet werden, und Mendel erinnert sich daran, wie er das alles früher im eigenen Haus gemacht hat. Skowronneks Frau vermisst ein Hackmesser und vermutet richtig, dass Mendel es entwendet hat. Den Grund errät sie nicht. Mendel schleicht sich damit in seine alte Wohnung und findet wie erhofft unter einem Dielenbrett Deborahs Ersparnisse. Er zählt nach und ist enttäuscht, als er feststellt, dass sie noch nicht reichen für die Reise nach Russland, wo er Menuchims Grab vermutet und wo er auch selbst sterben möchte. Als er Skowronneks Frau das Hackmesser zurückbringt, fordert sie ihn auf, zu einem Nachbarn zu gehen, der ihm etwas Wichtiges mitzuteilen habe. Es handelt sich um den jungen Eiscafébesitzer Frisch, der mit seiner Frau in Mendels alter Wohnung lebt. Aus Angst davor, dass sein heimliches Eindringen in die Wohnung entdeckt sei, traut Mendel sich zunächst nicht, der Aufforderung Folge zu leisten. Schließlich geht er doch zu Frisch. Der erzählt Mendel von einem Konzert jüdischer Musiker, das er am Vorabend gehört habe. Am Schluss hätten die Musiker ›Menuchims Lied‹ gespielt. Danach habe ein Vetter Frischs, der sich überraschenderweise unter den Musikern befunden habe, sich nach Mendel Singer erkundigt. Der Vetter habe im Auftrage des noch jungen Kapellmeisters gefragt, der fast alle Musikstücke des Orchesters komponiere. Sein Name sei Alexej Kossak. Nun wird Mendel hellhörig. Kossak war Deborahs Mädchenname, er vermutet, dass es sich um einen Verwandten handele. Doch als Frisch ihn auffordert, sich mit jenem Kossak zu treffen, lehnt Mendel ab. Er hat Angst vor den schlechten Nachrichten, die der Verwandte ihm überbringen könnte. Lieber soll ihm Frisch zu einer Reise nach Zuchnow verhelfen. Frisch gibt ihm jedoch zu verstehen, dass das wahrscheinlich Mendels Ersparnisse übersteigen werde. Als Mendel gehen will, hält Frisch ihn zurück und gibt ihm das Programmheft des Konzerts, das eine Photographie des jungen Kapellmeisters Alexej Kossak enthält. Mendel ist fasziniert von dessen Augen, in denen er die Tiefe von vielen tausend Jahren zu erkennen meint. Er bittet Frisch, das Programmheft mitnehmen zu dürfen.

Am nächsten Abend feiert man Seder, den Vorabend von Pessach. Mendel hilft wie immer bei den Vorbereitungen und setzt sich mit der Familie zu Tisch. Traditionsgemäß ist ein zusätzlicher Platz gedeckt, um den Propheten Elias einzulassen. (Roth schreibt versehentlich Eliahu, teilt aber am 9. April 1931 seinen Schwiegereltern mit, dass der Fehler in der nächsten Auflage korrigiert werden solle.) Als es wirklich klopft, sind alle fassungslos. Ein Fremder tritt ein, stellt sich als Alexej Kossak vor und fragt nach Mendel Singer. Man bittet ihn selbstverständlich zu Tisch, er nimmt gegenüber von Mendel Platz. Nachdem der rituelle Teil der Feier beendet ist, fragt Mendel den Gast nach seinem Wunsch. Der berichtet, dass er das Haus in Zuchnow nach dem Krieg gekauft habe, dass Jonas zwar lange als verschollen gegolten habe, er aber kürzlich gehört habe, Jonas diene in einem weißgardistischen (zarentreuen) Regiment. Er selber sei lange krank gewesen, schließlich aber im Hause eines Arztes gesundet. Dort habe man auch sein musikalisches Talent entdeckt. Mendel traut sich aus Angst vor der Antwort noch immer nicht, nach Menuchim zu fragen. Er sagt sich, wenn Menuchim am Leben wäre, hätte es ihm der Fremde, der doch alles zu wissen scheine, als Erstes berichtet. Schließlich stellt Skowronnek die Frage nach dem kranken Sohn Mendels. Der Fremde sagt, dass Menuchim lebe, und endlich, dass er selbst Menuchim sei. Mendel berührt seinen Sohn. Skowronnek holt die drei Freunde. Sie kommen sofort, um Mendel in seinem Glück zu sehen, um mit ihm fröhlich zu sein wie vordem traurig. Mendel dankt ihnen. Als Menuchim fragt, ob Mendel mit ihm am Feiertag ins Hotel fahren darf, was gläubigen Juden eigentlich nicht gestattet ist, antworten die Freunde mit Ja. Mendel holt sein Säckchen mit dem Gebetbuch und den rituellen Gegenständen und fährt mit Menuchim ins Astor Hotel.

Kapitel XVI

Im Hotelzimmer erzählt Menuchim dem Vater von dem Tag, an dem dieser für ihn Klänge erzeugte, indem er mit einem Löffel ein Glas berührte, und von den Glocken, die danach zu hören waren. Als die Rede auf Mirjam kommt, gibt sich Menuchim überzeugt, dass auch sie geheilt werden könne. Mendel sieht eine Photographie von Menuchims Frau und den beiden Kindern des Paares. Einen Enkelsohn und ein Enkeltöchterchen hat Mendel, von denen er nichts wusste, die aber das Leben weitertragen werden. Glückselig schläft er ein.

III Analyse und Deutung

1 Form

Textgattung

Die literarische Gattung des *Hiob*-Buchs wird schon im Untertitel benannt: »Roman eines einfachen Mannes«. Folgt man der grundständigen Definition dieser Textsorte – ein Roman ist in erzählender Prosa verfasst und handelt vom Schicksal einer Person oder Gruppe, das in einem größeren Zusammenhang mehr oder weniger ausführlich geschildert wird –, dann lässt sich *Hiob* unproblematisch dieser Gattung zuordnen.

Der Untertitel weist zudem auf das Exemplarische des Erzählten hin – dem Leser wird das Leben eines einfachen Mannes vor Augen geführt. Dass es sich bei Mendel Singer um einen völlig durchschnittlichen Charakter handelt, könnte der Erzähler kaum deutlicher zum Ausdruck bringen als in der Exposition des Helden, der keiner ist, zu Beginn des Romans:

> Vor vielen Jahren lebte in Zuchnow ein Mann namens Mendel Singer. Er war fromm, gottesfürchtig und gewöhnlich, ein ganz alltäglicher Jude. Er übte den schlichten Beruf eines Lehrers aus. […] Er lehrte mit ehrlichem Eifer und ohne aufsehenerregenden Erfolg. Hunderttausende vor ihm hatten wie er gelebt und unterrichtet. / Unbedeutend wie sein Wesen war sein blasses Gesicht. (1. K., S. 9)

Der Stereotypisierung der Hauptfigur durch den Zusatz »ein ganz alltäglicher Jude« stehen die Härte der späteren Schicksalsschläge und zuletzt das unverhoffte Glück gegenüber: Die Anlehnung an den biblischen Hiob, die Nähe zur Josephslegende wie auch die wundersame Wendung am Ende rücken den Roman in die Nähe einer Heiligenerzählung.

Manche Interpreten fassen den Roman aufgrund seines ›glücklichen Endes‹ als Legende auf, also als schriftlich fixierte Lebensgeschichte eines Heiligen, die den Beigeschmack des Unwahrscheinlichen besitzt. Tatsächlich trägt die unerwartete Gesundung Menuchims märchenhafte Züge, die den Rahmen einer realistischen Erzählung zu sprengen drohen. Auch der Anfang des Romans »Vor vielen Jahren lebte in Zuchnow ein Mann [...]« erinnert an die bekannte Einstiegsformel des Märchens. Betrachtet man jedoch die realistische Beschreibung der bitteren Armut, der Bedrohung durch Kosaken, der illegal organisierten Flucht vor dem drohenden Militärdienst oder des plötzlichen Entschlusses auszuwandern, wird deutlich, dass es sich hier um eine detailgetreue Dokumentation des Lebens im Schtetl handelt. Dass sich mitunter der bittere Realitätsgehalt des Dargestellten dem Leser nicht sofort offenbart, mag daran liegen, dass Joseph Roth jede noch so bittere Realität auf kunstvolle Weise in schlichte Sprache kleidet: »Das Leben verteuerte sich von Jahr zu Jahr. Die Ernten wurden ärmer und ärmer. Die Karotten verringerten sich, die Eier wurden hohl, die Kartoffeln erfroren, die Suppen wässerig, die Karpfen schmal und die Hechte kurz, die Enten mager, die Gänse hart und die Hühner ein Nichts.« (1. K., S. 10) Die Wirklichkeit scheint hier in der nicht enden wollenden, in ihrem Parallelismus Unentrinnbarkeit suggerierenden Aufzählung ins Ewige und Zeitlose zu entrücken.

Gliederung und Zeitstruktur

Die erzählte Zeit im Roman *Hiob* umfasst etwa 30 Jahre – beginnend mit Menuchims Geburt und endend mit dem Wiedersehen zwischen Vater und Sohn in Amerika. Die Erzählung schreitet unablässig chronologisch voran, allerdings gibt es starke Schwankungen im Verhältnis zwischen Erzählzeit (Dauer des ›Erzählens‹) und erzählter Zeit (Dauer des erzählten Geschehens). Bisweilen werden mehrere Jahre in einem einzigen Satz zusammengefasst: »Also verrannen die Jahre [...]« (5. K., S. 53). Dann wieder verringert sich das Erzähltempo, die Erzählung verweilt an einem einzelnen Tag: »Es war an einem heißen, sonnigen Vormittag, an dem die Kommission durch Mendels Gasse kam [...].« (1. K., S. 13) Die mühseligen Tage der Familie Singer folgen einem scheinbar immergleichen Trott: »Am Ende jeder Woche brach so der Sabbat an, mit Schweigen, Kerzen und Gesang.« (1. K., S. 12) »Die Tage dehnten sich zu Wochen, die Wochen wuchsen sich zu Monaten aus, zwölf Monate machten ein Jahr.« (1. K., S. 13) Dieses gewöhnliche Leben wird nur ab und an unterbrochen: »Eines Tages, eine Woche vor den hohen Feiertagen (aus dem Sommer war Regen geworden, und aus dem Regen wollte Schnee werden), packte Deborah den Korb [...].« (1. K., S. 16)

Der Roman ist in zwei gleichgewichtige Teile gegliedert – Russland und Amerika. Im Detail unterbrechen einzelne Ereignisse den gewöhnlichen Ablauf des Geschehens und strukturieren dadurch die Handlung. Oft geben diese mit ungefähren Zeitangaben versehenen Ereignisse der Handlung eine entscheidende Wendung, so beispielsweise der Besuch des Amerikaners Mac – »An einem Nachmittag im Spätsommer betrat ein Fremder das Haus Mendel Singers.« (6. K., S. 53) – oder die Geburt Menuchims: »An einem heißen Tag im Hochsommer, um die vierte Stunde des Nachmittags, kam Deborah nieder.« (1. K., S. 12)

Immer wieder sind es Krieg oder Ereignisse, die mit ihm in Zusammenhang stehen, die einen schwerwiegenden Einschnitt im gleichförmigen Leben der Familie Singer verursachen: der Militärdienst, zu dem Jonas und Schemarjah einberufen werden, die Kosaken, die im Dorf stationiert sind und mit denen Mirjam anbandelt, der Ausbruch des Ersten Weltkriegs, der verhindert, dass Menuchim nach Amerika geholt wird, oder der Eintritt Amerikas in den Krieg, der zum Tode Sams führen wird. Diese indirekten Zeitangaben (der Krieg gegen Japan, der Erste Weltkrieg, der Eintritt Amerikas in den Ersten Weltkrieg und so fort) machen es möglich, die Handlung des Romans als ›reales‹ Geschehen in die historische Wirklichkeit einzuordnen.

Soll der Einbruch eines dramatischen Ereignisses in das Leben der Familie Singer besonders hervorgehoben werden, wechselt der Erzähler vom epischen Präteritum zum *historischen Präsens*. Eindrucksvoll zeigt sich das in der Szene, in der Mirjam ihre Eltern darüber unterrichtet, dass Schemarjah-Sam gefallen ist: Mendel ahnt bereits, dass »etwas Außerordentliches geschehen war. Mirjam kam an einem Wochentag, zu einer Zeit, in der sie im Geschäft hätte sein müssen. Sein Herz schlug laut. Er war dennoch ruhig.« Der parallele, anaphorische Satzeinstieg zwei Zeilen später wirkt noch wie ein Festklammern an einer Ordnung, einer vertrauten Normalität: »Da stand Mirjam im schwarzen Regenmantel und war stumm. Da saß Deborah, den Teller hatte sie weit von sich geschoben […].« Wie das Unglück von einer Sekunde zur anderen hereinbricht, so abrupt wechselt das Tempus der Erzählung: »den Teller hatte sie weit von sich geschoben, er steht fast in der Mitte des Tisches, draußen schneit es, weich, faul und flockig« (12. K., S. 127). Die Zeit scheint stillzustehen: »Niemand rührt sich. Die Uhr tickt, der Schnee fällt, und Deborah reißt sich die Haare aus.« (12. K., S. 128) Die Erzählung verbleibt bis zum Ende des Kapitels im Präsens, bis es auch von Deborah heißt: »Sie ist tot.« (12. K., S. 129)

Erzählweise

In weiten Teilen des Romans agiert ein allwissender Erzähler, der dem Leser das Geschehen von einer außenstehenden Position mitteilt. Der Erzähler kennt die Angewohnheiten seiner

Figuren: »Jeden Morgen dankte Mendel Gott für den Schlaf, für das Erwachen und den anbrechenden Tag. Wenn die Sonne unterging, betete er noch einmal. Wenn die ersten Sterne aufsprühten, betete er zum dritten Mal.« (1. K., S. 10) »Länger als sonst hielt sie [Deborah] ihr Angesicht in den Händen vergraben, wenn sie betete, […]« (1. K., S. 15). Der Erzähler überblickt das Geschehen, er weiß, dass der Doktor »[n]icht weniger als hundertsechsundsiebzig Juden […] zu impfen« (1. K., S. 14) hat, er weiß manchmal, was sonst keiner weiß, nämlich was in Menuchim vorgeht – »Ja, er ängstigte sich, der Krüppel Menuchim.« (8. K., S. 91) –, und er ist darüber informiert, was die Nachbarn in Amerika über Mendel Singer reden: »Man erzählte sich von ihm, dass er oft in das italienische Viertel hinüberging […]« (14. K., S. 144). Auch vermag die Erzählerinstanz offenbar in die Zukunft zu blicken, um von dort das aktuell geschilderte Geschehen zu bewerten: »Noch wusste Mirjam nicht, in welch drohende Beziehung sie zu der fremden und schrecklichen Welt des Militärs treten sollte und wie schwer die Schicksale waren, die sich bereits zu sammeln begannen über den Häuptern Mendel Singers, seiner Frau und seiner Kinder.« (3. K., S. 29 f.)

Der zweite Teil des Romans wird eingeleitet mit den Worten: »Ein paar hundert Jahre früher war ein Ahne Mendel Singers wahrscheinlich aus Spanien nach Wolhynien gekommen. Er hatte ein glücklicheres, ein gewöhnlicheres, jedenfalls ein weniger beachtetes Schicksal als sein Nachfahre, und wir wissen infolgedessen nicht, […]« (10. K., S. 105). Wird hier der olympische Blick eines allwissenden Erzählers zwar mit den Worten »wahrscheinlich« und »wir wissen nicht« relativiert, so handelt es sich gleichwohl an dieser Stelle um eine weit von der Figurenperspektive entfernte Erzählerinstanz, welche die Handlung kommentiert. Solche Einschübe bilden jedoch die Ausnahme. Meist bleibt der Erzähler sehr nah an den

Figuren und dem aus ihrer Sicht aktuellen Geschehen – es gibt kaum Rückblicke oder Vorwegnahmen des Handlungsgeschehens. Der Leser erfährt wichtige Ereignisse gleichzeitig mit den Figuren, so beispielsweise die gelungene Flucht Schemarjahs nach Amerika durch den Bericht Macs oder die Gesundung Menuchims aus dessen eigener Schilderung.

Diese Nähe wird noch größer, wenn der Erzähler in eine personale Erzählperspektive wechselt. Dass der Leser – vermittelt in der Form des *inneren Monologs* – den aufgeregten Überlegungen Deborahs lauschen kann, verleiht dem Dargestellten große Eindringlichkeit und Authentizität: »Ein Dollar ist mehr als zwei Rubel, ein Rubel hat hundert Kopeken, zwei Rubel enthalten zweihundert Kopeken, wie viel, um Gottes Willen, enthält ein Dollar Kopeken? Wie viel Dollar ferner wird Schemarjah schicken? Amerika ist ein gesegnetes Land.« (7. K., S. 68) Auch die Verzweiflung Mendels nach dem vermeintlichen Verlust aller seiner Kinder kommt in der *erlebten Rede* ergreifend zum Ausdruck: »Allein war er, allein. Frau und Kinder waren um ihn gewesen und hatten ihn verhindert, seinen Schmerz zu tragen. [...] Jetzt, endlich, genoss er sein Weh mit Triumph. Es galt, nur noch eine Beziehung zu kündigen.« (13. K., S. 137)

Wie rasch sich der Wechsel von der Außenperspektive auf die Innensicht einer Figur vollziehen kann, zeigt in eindrücklicher Weise die Szene, in der die Begrüßung des Neumondes geschildert wird. Zunächst berichtet ein außenstehender Beobachter, der vor den Augen des Lesers das Bild einer Szene entstehen lässt, die von ferne betrachtet merkwürdig und befremdlich anmutet:

> [...] und sie begannen, den Gruß an den Mond zu murmeln und die Oberkörper hin und her zu wiegen, dass sie aussahen wie von einem unsichtbaren Sturm gerüttelt. Immer

Michael Prelle, Marlen Diekhoff und Martin Wissner in einer Bühnenfassung (Deutsches Schauspielhaus Hamburg, 2011).

> schneller wiegten sie sich, immer lauter beteten sie, mit kriegerischem Mut warfen sie zu dem fernen Himmel ihre urheimischen Worte. (6. K., S. 62)

Von dieser weiten Sicht verengt sich die Perspektive zunehmend – »Sie zerteilten sich, sie liefen einzeln nach Haus« –, bis am Schluss nur noch eine einzelne Person im Fokus steht: Mendel Singer in tiefen Gedanken. Seine Gefühle werden dem Leser unmittelbar, in all ihrer Trübnis mitgeteilt: »[…] ihm war es, als stünde er schon seit einer Stunde da. Er […] fühlte sich matt, bekam Lust sich auf den Boden zu legen, und hatte Angst vor der unbekannten Erde und dem gefahrvollen Gewürm, das sie höchstwahrscheinlich beherbergte.« (6. K., S. 63) So wird der Blick des Lesers von himmlischen Gestirnen und göttlichem Wirken zum Gewürm der Erde hinabgeführt, von oben nach unten, von außen nach innen in die sorgenvollen Gedanken eines Menschen in seiner Einsamkeit.

Mit erzählerischen Mitteln lässt Roth den Leser am Erleben der Figuren teilhaben und mit ihnen mitfühlen. Dem gegenüber steht an anderer Stelle die Distanzierung von den Figuren durch das Mittel der Ironie. So heißt es von Mendel Singer kurz nach dessen Ankunft in Amerika: »Er wusste bereits, dass old chap auf amerikanisch Vater hieß und old fool Mutter, oder umgekehrt.« (10. K., S. 105) Das Bewusstsein Mendels in seiner eingeschränkten, individuellen Sicht steht an dieser Stelle in krassem Gegensatz zum Wissensstand des Lesers (und der Erzählerinstanz), dessen Blick über das Erleben und den Erfahrungshorizont des Handelnden weit hinausgeht. Ganz in diesem ironischen Ton verbleibt die darauf folgende Beschreibung amerikanischer Verhältnisse aus Mendels Sicht.

Sprache und Stil

Joseph Roths rhythmisierte Prosa lebt von der Wiederholung bestimmter metrischer Grundmuster, ohne jedoch dabei jemals eintönig zu wirken. Zu Roths unverwechselbarem, klarem Stil schrieb Jens Jessen am 10. April 1990 in der *Frankfurter Allgemeinen Zeitung* aus Anlass der neuen Ausgabe seiner Werke, es gebe »keinen deutschen Dichter in diesem Jahrhundert, der seine stilistischen Mittel so gezielt auf ein Höchstmaß an Transparenz und Suggestivität hin kalkuliert« habe. Es seien »nur einige wenige rhetorische Figuren«, die Roth »in planmäßiger Häufung oder raschem Wechsel« verwende: »Anapher, Stabreim, Chiasmus, das Spiel mit Koinzidenz und Inkoinzidenz [...].«

Dieser hochgelobte Stil Roths ist auch im *Hiob*-Roman deutlich zu erkennen. Der Roman lebt von einer ungeheuren Dichte an verwendeten Stilmitteln und genau kalkulierten Sätzen – ohne dabei jedoch übertrieben kunstvoll zu wirken. Ganz im Gegenteil: Der vorherrschende Tonfall ist eher nüchtern, wirkt mitunter lapidar und innerlich fast unbeteiligt.

Dieser nüchterne Stil steht oft in einer eigenartigen Spannung zur Dramatik des Inhalts, das heißt zu der Schwere des Schicksals, das die Familie Singer ereilt: »Mendel vergaß, während er die Schlüsselblumen ansah, dass Deborah gestorben, Sam gefallen, Mirjam verrückt und Jonas verschollen war.« (13. K., S. 134) Die schonungslose Aneinanderreihung der Schicksalsschläge in einem einzigen hektischen Halbsatz ist weniger einer gleichgültigen Haltung des Autors geschuldet als vielmehr einer prinzipiellen Arbeitsweise Joseph Roths. Dieser war stets darum bemüht, Pathos und Übertreibungen zu vermeiden und ›nicht mit dem Zaunpfahl zu winken‹. Beim Vergleich der Handschriften Joseph Roths mit den Druckfassungen fällt auf, dass Roth relativ wenig veränderte. Fast alle Streichungen oder Änderungen, die er vornahm, dienten der Vereinfachung, der Klarheit des Geschriebenen. Dem Freund Hans Natonek (1892–1963; ein Erzähler und Journalist, der – wie Roth – für die *Frankfurter Zeitung*, die *Vossische Zeitung*, das *Berliner Tageblatt* und die *Weltbühne* schrieb) machte er Verbesserungsvorschläge zu dessen Werk und gibt damit auch einen Blick auf seine eigene Arbeitsweise frei. Roth schrieb am 14. Oktober 1932 an Natonek (JRB, S. 237):

> [Sie begehen] den eminenten Fehler, zu deuten, zu erklären, ein Besserwisser zu sein. Sie würzen zu sehr. Sie *versalzen* die Suppe, Sie teilen dem Leser mit, Sie *verraten* ihm Das, was sich in Ihrer gehirnlichen Werkstatt abspielt. [...] *Ich bin auch ein Klugscheißer.* Aber ich verberge es.

Joseph Roth verwendet sehr häufig parallele Satzkonstruktionen: aneinander gereihte Teilsätze wie im obigen Beispiel (»Deborah gestorben, Sam gefallen, Mirjam verrückt«), gereihte Hauptsätze oder Kombinationen von beidem (vgl. das Zitat auf S. 50 dieses Bands). Solche parataktischen Reihungen dienen oft dem Zweck, die Unbarmherzigkeit und Unentrinnbarkeit der widrigen äußeren Umstände auszudrücken. Auch die Darstellung der Verzweiflung Deborahs über die Krankheit ihres jüngsten Sohnes erfolgt im gleichen nüchtern-schonungslosen Erzählstil:

> Sie versäumte den Dienst am Herd, die Suppe lief über, die tönernen Töpfe zerbrachen, die Kasserollen verrosteten, die grünlich schimmernden Gläser zersprangen mit hartem Knall, der Zylinder der Petroleumlampe verfinsterte sich rußig, der Docht verkohlte kümmerlich zu einem Zäpfchen, der Schmutz vieler Sohlen und vieler Wochen überlagerte die Dielen des Bodens, das Schmalz im Topfe zerrann, die Knöpfe fielen dürr von den Hemden der Kinder wie Laub vor dem Winter. (1. K., S. 15 f.)

Zur anfänglichen Knappheit von Subjekt und Prädikat gesellen sich immer mehr Zusätze – die Folgen des Schmerzes von Deborah greifen immer weiter um sich und ufern aus. In einem ähnlichen Duktus, in aller Kürze und Härte, heißt es nach der Musterung von Jonas und Schemarjah: »Beide waren tadellos und gesund. Beide wurden genommen.« (3. K., S. 31) Durch anaphorische Satzauftakte wird auch Mendel Singer zu Beginn des Romans in einer Weise charakterisiert, die keine Zweifel aufkommen lässt: »Sein Schlaf war traumlos. Sein Gewissen war rein. Seine Seele war keusch.« (1. K., S. 10) Indem der Erzähler hier gleichsam in den biblischen ›Singsang‹, in die monotonen Gebete seines Protagonisten einstimmt, wird dessen Frömmigkeit beinahe hörbar.

Im Roman werden auf der inhaltlichen Ebene häufig zwei Pole gegenübergestellt: So hebt sich beispielsweise die Tatkräftigkeit Deborahs stark ab von dem passiven Gottvertrauen Mendels; die Konfrontation von Tradition und Assimilation ist eines der zentralen Spannungsfelder des Romans, ein anderes Heimat und Fremde. Diese Gegensätze finden auf der Textebene eine eindringliche sprachliche Umsetzung in zahlreichen Antithesen und Chiasmen (Kreuzstellungen), wie in Deborahs abschätzigem und wütendem Ausruf: »Du bist so töricht geworden, weil du Kinder unterrichtest! Du gibst ihnen dein bisschen Verstand, und sie lassen bei dir ihre ganze Dummheit. Ein Lehrer bist du, Mendel, ein Lehrer!« (4. K., S. 40) Hier sind beinahe sämtliche Satzglieder in den für den Lehrer unprofitablen Tauschhandel verstrickt: Nicht nur ›Verstand‹ und ›Dummheit‹, auch die Mengenverhältnisse – ›bisschen‹ versus ›ganz‹ – stehen sich in einer Antithese unheilvoll gegenüber; die Pronomen sind zudem im Chiasmus kreuzweise verschränkt: ›ihnen‹ – ›dein‹, ›dir‹ – ›ihre‹. Ein weiteres Beispiel für einen Chiasmus bietet die Beschreibung von Mendels Heimkehr am Sabbat: »in seidigem Schwarz, der Fußboden leuchtete ihm entgegen, gelb wie geschmolzene Sonne, sein Angesicht schimmerte weißer als gewöhnlich, schwärzer als an Wochentagen dunkelte auch sein Bart« (1. K., S. 11).

Um Stimmungen zu verdeutlichen, setzt Joseph Roth häufig Farben ein. Solange Deborah und Mendel sich noch nicht auseinandergelebt haben, hatte Deborah den Fußboden vor dem Abend des Sabbat immer gescheuert, »bis er gelb wurde wie Safran […], gelb wie geschmolzene Sonne« (1. K., S. 11). In Amerika wird er niemals so »safrangelb« wie zu Hause (vgl. 10. K., S. 107). Mirjam trug in Zuchnow immer einen gelben Schal. An ihm erkannte Mendel seine Tochter, als sie mit einem Kosaken aus dem Feld kam. Während er nun im Spital, in das man die tobende Mirjam eingeliefert hat, auf den Befund der Ärzte wartet, sieht er eine Blumenvase mit gelben Blumen darin, die ihn an die Heimat erinnern. Zum ersten Mal nimmt Mendel hier in der Erinnerung die Landschaft seiner Heimat mit vollem Bewusstsein wahr. Die Farben werden plötzlich hell und leuchtend, alle Adjektive werden durch »ganz« intensiviert, in einem kurzen Abschnitt wiederholt Roth immer wieder wie eine Beschwörungsformel die Wörter »heim«, »heimisch« und »Heimat« (13. K., S. 134).

Eine herausragende stilistische Besonderheit des Romans ist seine Sprachmelodie. Der Text erinnert oft an die lakonische biblische Sprache, besonders durch die häufige Verwendung der Formel ›also‹: »Und also begannen ihre Plagen.« (3. K., S. 30) Roth flicht aber auch lyrische Elemente in seine Prosa. Ein schönes Beispiel hierfür ist der Daktylus, der Jonas und Schemarjah beschreibt, ihre Gegensätzlichkeit hervorhebt, sie aber doch durch den gemeinsamen Rhythmus auf subtile Weise miteinander verbindet: »Jónas, der ä́lt(e)re war stárk wie ein Bä́r, / Schemárjah, der jǘng(e)re, war schláu wie ein Fúchs.« (2. K., S. 21) Folgen sechs Daktylen aufeinander, von denen der letzte unvollständig, zweisilbig, ist, entsteht ein Hexameter, das klassische Versmaß des antiken Epos, wie wir es aus Homers *Ilias* und *Odyssee* kennen. Auch im *Hiob* finden sich Daktylen, die einen kompletten Hexameter bilden: Mendel Singer vermittelt »Kíndern die Kénntnis der Bíbel. Er léhrte mit éhrlichem Éifer« (1. K., S. 9). Eine Seite weiter heißt es, nun eindeutig homerisch: »Álso klángen die Klágen Debórahs, der Fráu Mendel Síngers« (1. K., S. 11). An anderer Stelle verwendet Roth einen klassischen fünffüßigen Jambus: »In gléichem Rhýthmus schlúgen íhre Hérzen.« (3. K., S. 36)

Roth selbst bezeichnet in Interview-Äußerungen von 1937 seinen *Hiob*-Roman als »ein im Grunde genommen lyrisches Werk«. Schon zuvor (1934) hatte er »vom sprachlichen Rhythmus« als dem »Wesentlichen« des *Hiob*-Romans gesprochen und seinen sprachlichen Duktus als »musique biblique« charakterisiert (zitiert nach: David Bronsen, *Joseph Roth. Eine Biographie*, Köln 1974, S. 381). Allein die Auswahl der hier genannten Beispiele macht deutlich, was Roth damit meint.

2 Figuren

Mendel

Mendel und seine Frau Deborah verkörpern zwei Facetten des Ostjudentums. Mendel Singer entspricht vollkommen dem traditionellen Bild des Melamed, wie der Kleinkinderlehrer genannt wurde. Zu ihm in den Cheder – so nannte man die Kleinkinderschule – kamen die vier- bis achtjährigen Kinder für ihren ersten Unterricht. Er unterwies sie in den Grundlagen der jüdischen Tradition, vermittelte ihnen erste Kenntnisse des Pentateuch, das heißt der ersten fünf Bücher der Bibel, und lehrte sie die Anfänge des Hebräischen. Die Melamdim (Plural von Melamed) trugen ganz entscheidend dazu bei, dass der Prozentsatz der Analphabeten im Judentum traditionell sehr gering war.

Mit absoluter Selbstverständlichkeit und Konsequenz beachtet Mendel alle Vorschriften, die das Leben eines gläubigen Juden hinsichtlich Essen, Bekleidung und Reinheit regeln, und hält gewissenhaft die Gebetsstunden ein. Schon durch sein Äußeres und seine Kleidung ist er als orthodoxer Jude erkennbar:

> Ein Vollbart von einem gewöhnlichen Schwarz umrahmte es [sein Gesicht] ganz. Den Mund verdeckte der Bart. Die Augen waren groß, schwarz, träge und halb verhüllt von schweren Lidern. Auf dem Kopf saß eine Mütze aus schwarzem Seidenrips, einem Stoff, aus dem manchmal unmoderne und billige Krawatten gemacht werden. Der Körper steckte im halblangen, landesüblichen jüdischen Kaftan, dessen Schöße flatterten, wenn Mendel Singer durch die Gasse eilte, und die mit hartem, regelmäßigem Flügelschlag an die Schäfte der hohen Lederstiefel pochten. (1. K., S. 9)

Sowohl das Tragen eines Bartes als auch das Bedecken des Hauptes gehen auf ein biblisches Gebot zurück. Der Hinweis auf ›billige Krawatten‹ macht hier zweierlei deutlich: einmal, dass Mendel Singer als Gegenfigur zu einem assimilierten Juden gezeichnet ist – der, ob in Berlin oder sonstwo in Westeuropa oder Amerika, eine Krawatte als Kennzeichen seiner äußeren Zugehörigkeit zu seiner Umgebung trug. Indem Roth zudem die Krawatte in den Kontext des ›Billigen‹ stellt, deutet er seine eigene kritische Haltung gegenüber dem Materialismus assimilierter Juden an und weist den Leser so bereits auf den zentralen Konflikt hin, von dem der Roman handelt.

Dem Beruf des Lehrers kommt im Roman *Hiob* eine ganz spezielle Bedeutung zu. Der Melamed, der Kinderlehrer, stand in der Hierarchie der jüdischen Berufe an unterster Stelle. Es war der am schlechtesten bezahlte, obwohl er sich um ein zentrales Gebot des Judentums kümmerte, nämlich die Gesetze Gottes an die Söhne weiterzugeben. Allein die Tatsache, dass ein Melamed für seinen Unterricht Geld nehmen musste, bewirkte, dass die ganze Gemeinde auf ihn herabsah; denn Wissen sollte man nach jüdischer Auffassung nicht gegen Bezahlung verkaufen, sondern freigebig verteilen.

Von den geringen Unterrichtsgebühren, die ein Melamed einnahm, konnte er kaum leben, sodass er und seine Familie sich ständig am Rande des Existenzminimums bewegten. Es bedurfte gar keiner besonderen Ausbildung für diesen Beruf, da fast jeder Jude im Schtetl genug wusste, um den ganz Kleinen die Anfangsgründe der Bibellektüre beizubringen. Das Wort ›Melamed‹ wurde aus diesen Gründen oft als Synonym für Unglücksrabe oder Pechvogel genommen.

Der Melamed unterrichtete die Kinder im Cheder – einer meist kleinen und dunklen Stube, in deren Enge kaum Platz für die lernende Schülergruppe und das parallel verlaufende Familienleben des Lehrers war.

Das ist exakt die Lebenssituation, in der Joseph Roth dem Leser Mendel Singer und seine Familie vorstellt. Sein Beruf entspricht zwar der Familientradition, aber er ist eben nicht angesehen. So ist es auch zu verstehen, wenn es im Roman heißt: »Mendel Singers Kinder haben aber kein Glück! Sie sind eines Lehrers Kinder!« (8. K., S. 84)

Im jüdischen Elternhaus galt eine streng patriarchalische Ordnung. Die Familie war das kleinste eigenständige Glied der ostjüdischen Gemeinde und unentbehrlich für ihren Fortbestand. Da die Juden in der ganzen Welt zerstreut lebten und kein Nationalbewusstsein entwickeln konnten, musste das Elternhaus (und die dort praktizierte Religiosität) in gewisser Weise als Ersatz gelten. In ihm verdichteten sich die Wertbegriffe jüdischen Daseins. Die Gemeinschaft, die sich auf Familie, Schule und Synagoge stützte, war nicht denkbar ohne das väterliche Oberhaupt der Familie, das Tradition und Kontinuität des Seins an die Nachgeborenen weitergab mit dem nie in Frage gestellten Grundsatz, ebenso zu verfahren.

Auch Mendel führt die Tradition seiner Vorfahren weiter, sie gibt ihm Halt, in ihr weiß er sich geborgen und sicher. Vor dem Hintergrund eines möglichen Aufbruchs nach Amerika – Mac ist aufgetaucht und hat Nachricht von ›Sam‹ gebracht – wirkt die rituelle Begrüßung des Neumondes (vgl. 6. K., S. 62) wie eine letzte Beschwörung dieser Tradition. Im alten Israel spielte der Neumondtag aus kalendarischen Gründen eine wichtige Rolle und wurde als Feiertag begangen, der mit dem Vorabend, dem ›kleinen Versöhnungstag‹ anfing. Es ist der Monat Ab, der Monat der Tempelzerstörung (70 n. Chr.), was als Hinweis auf die bald fortschreitende Zerstörung der Familie durch äußere Einflüsse gelesen werden kann, die Mendel erfolglos abzuwehren versucht. Die Juden versammeln sich vor dem Städtchen, um die Wiedergeburt des Mondes, wie es üblich war, auf einem freien Platz zu begrüßen.

Am Ende dieser Szene wird Mendels zunehmende Einsamkeit deutlich, wenn es heißt: »Nur ein Jude blieb zurück, Mendel Singer.« (6. K., S. 63) Der Zerfall des Ostjudentums, für das es keinen Weg zurück geben konnte, die drohende Auflösung des Schtetls ist chiffriert in Mendels Orientierungslosigkeit: Er kommt »sich unendlich weit von der bewohnten Welt der Juden vor, unsagbar einsam, von Gefahren bedroht und dennoch außerstande zurückzugehen.« (6. K., S. 63)

Auf dem Nachhauseweg bemerkt Mendel Mirjam mit einem Kosaken im Feld. Ihre spätere Krankheit kündigt sich schon an, er hört ein leises wahnsinniges Kichern von seiner Tochter, die bis dahin immer sein Liebling war. Mendel Singer fühlt, dass er keinen Halt mehr in der Welt hat, weil die Werte, die er – wie seine Väter vor ihm – an seine Kinder weitergegeben hat, nicht mehr zählen. Er flüchtet in das ihm vertraute Bethaus, um sich seines eigenen Glaubens zu vergewissern:

> Es konnten kaum drei Stunden verflossen sein […] er strich mit einer zärtlichen Hand über den Deckel seines alten Gebetpultes und feierte mit ihm ein Wiedersehn. Er klappte es auf und langte nach seinem alten, schwarzen und schweren Buch, das in seinen Händen heimisch war […]. (6. K., S. 65 f.)

Die hier sichtbar werdende Bedeutung, die das Buch für orthodoxe Juden besitzt, hat Heinrich Heine im ›zweiten Buch‹ von *Ludwig Börne. Eine Denkschrift* (1840) sehr anschaulich erklärt:

> Ein Buch ist ihr Vaterland, ihr Besitz, ihr Herrscher, ihr Glück und ihr Unglück. Sie leben in den umfriedeten Marken dieses Buches, hier üben sie ihr unveräußerliches Bürgerrecht, hier kann man sie nicht verjagen, nicht verachten,

»Er […] langte nach seinem alten, schwarzen und schweren Buch, das in seinen Händen heimisch war und das er unter tausend gleichartigen Büchern ohne Zögern erkannt hätte.« (6. K., S. 66)

> hier sind sie stark und bewundrungswürdig. Versenkt in der Lektüre dieses Buches, merkten sie wenig von den Veränderungen, die um sie her in der wirklichen Welt vorfielen […] sie aber, die Juden, lagen gebeugt über ihrem Buche und merkten nichts von der wilden Jagd der Zeit, die über ihre Häupter dahinzog! (Zitiert nach: Heinrich Heine: *Sämtliche Schriften.* Herausgegeben von Klaus Briegleb. Band 4. München und Wien: Carl Hanser Verlag 1971, 2. Auflage 1978, S. 40)

Oft zitiert wird auch Heines Formulierung vom »aufgeschriebene[n] Vaterland«, welches die Juden immer und überallhin begleitete (*Aus den Memoiren des Herren von Schnabelewopski*, Kapitel XIV; ebenda, Band 1, S. 552).

Einzige Heimat ist für Mendel Singer in diesem Moment noch sein unerschütterlicher Glaube, und im Gegenzug ist das orthodoxe Ostjudentum alleinige Heimstatt für den jüdischen Glauben, der in Roths Augen beinahe ein Eigenleben hat: »Man fällt nicht ab vom Glauben der Väter – der Glaube fällt ab von den Enkeln.« (*Betrachtungen an der Klagemauer.* In: *Das Tagebuch*, 14. September 1929; JRW III, S. 88)

Mendels Orientierungslosigkeit in der Welt ›außerhalb des traditionellen Glaubens‹ zeigt sich bereits bei der Vorbereitung der Auswanderung: »Ich will nach Amerika – wo muss ich hin?«, lautet seine hilflose Frage (7. K., S. 75). Das Verlorensein hat bereits begonnen. Der Deichselbruch, den der Wagen des Fuhrmanns Sameschkin auf der Rückfahrt erleidet, wird von diesem als symptomatisches Zeichen für den Zusammenbruch der Familie gedeutet, wobei die Familie wiederum stellvertretend für das ewig flüchtende Judentum steht: » ›So beginnt deine Reise nach Amerika‹, […] ›Was fahrt ihr auch immer so viel in der Welt herum! Der Teufel schickt euch von einem Ort zum andern.‹ […]« (7. K., S. 81) Die Auflösung nimmt ihren Anfang, das Haus Mendel Singers beginnt zu zerfallen. Die Schüler bleiben weg, das Haus wird verkauft. »Es war, als hätten sie, Deborah und Mendel, nicht freiwillig den Entschluss gefasst, nach Amerika zu gehn, sondern als wäre Amerika über sie gekommen, über sie hergefallen […]. Sie konnten sich nicht mehr vor Amerika retten.« (8. K., S. 92) Amerika wandelt sich schon vor der Abreise vom Ort der Hoffnung zu einem Schicksal, dem Mendel mit seiner Familie nicht entkommen kann.

Deborah

Deborah verkörpert die typische jüdische ›Mamme‹, die sich um alles Irdische kümmern musste, während ihr Mann sich im Idealfall nur dem Torastudium widmete. Deborah steht damit nicht in einem Gegensatz zur traditionellen jüdischen Lebensweise. In ihrer agilen Geschäftigkeit stellt sie sich allen

Sorgen und Problemen, vom täglichen Familienunterhalt bis zu den schweren Schicksalsschlägen, handelnd entgegen. Damit tut sie genau das, was von ihr erwartet wird. Ihr Bereich ist das Haus, in dem sie die Herrscherin ist. Sie verwaltet die Haushaltskasse und entscheidet über deren Verwendung. Deborahs Sparversteck unter einem gelockerten Dielenbrett passt in dieses traditionelle Bild. Aufschlussreich ist auch ihr Feilschen mit dem betrunkenen Fuhrmann Sameschkin um den Fahrpreis nach Dubno und damit die Tatsache, dass sie überhaupt mit einem – nichtjüdischen – Bauern spricht: Obgleich das Leben der jüdischen Frau in Osteuropa sich um das Haus drehte, war es doch keinesfalls auf das Haus beschränkt. Sie besorgte den Einkauf und oft auch den Verkauf, da sie den Markt, die Händler, die dort waren, und vor allem die Preise kannte. Das erklärt auch, warum die Frauen im Allgemeinen die jeweilige Landessprache sogar besser beherrschten als die gelehrten Männer. Ohne Schwierigkeiten sprachen sie die Sprache der Bauern – russisch, polnisch oder ungarisch. Viele jüdische Frauen verdienten als Markthändlerinnen, Krämerinnen oder Hausiererinnen etwas zum kargen Familieneinkommen hinzu.

Das Paar Mendel und Deborah entspricht genau dem Bild des sich nur dem Gebet und der Schrift – und ihrer Vermittlung – widmenden Mannes und seiner sich um die ›parnosse‹, also Lebensunterhalt, Erwerb und Nahrung, kümmernden Frau. Sie stellen somit ein typisches ostjüdisches Paar dar.

Ein Grund für die zunehmende Entfremdung zwischen Mendel und Deborah ist in Deborahs innerer Auflehnung gegen Mendels Orthodoxie zu suchen. Sie setzt dem ihren eigenen Willen zur Assimilierung entgegen. Schon ihr Mädchenname »Kossak« ruft unweigerlich Assoziationen an die Kosaken hervor. Wie die Kosaken seit der Katastrophe von 1648 (vgl. S. 20 f. dieses Bandes) physisch die größte Gefahr für das Ostjudentum darstellten, so bedeutet Assimilation in Roths Augen die größte psychische Bedrohung für den Fortbestand des ostjüdischen Volkes.

Deborahs Unwille, im orthodoxen Judentum zu verharren, lässt sie Mendels Existenz angreifen: »Du bist so töricht geworden, weil du Kinder unterrichtest! Du gibst ihnen dein bisschen Verstand, und sie lassen bei dir ihre ganze Dummheit. Ein Lehrer bist du, Mendel, ein Lehrer!« (4. K., S. 40)

Deborah wendet sich mit diesen Vorwürfen nicht allein gegen den Beruf Mendels, sondern gegen die ostjüdische Tradition insgesamt. Mendel ist hier in seinem Innersten getroffen, da er das Gefühl hat, dass »man versuchte, ihn auszulöschen aus der Liste der Welt. Dagegen wehrte sich Mendel Singer.« (4. K., S. 40) Das Ostjudentum hatte in der tradierten Form keine Chance zu überleben, es war tatsächlich in Gefahr, ›aus der Liste der Welt gelöscht‹ zu werden. Deborah hingegen ist nicht nur zur Assimilation bereit, sie wünscht sie sich sogar. »Die Assimilation eines Volkes beginnt immer bei den Frauen«, stellt Joseph Roth in *Juden auf Wanderschaft* fest (JRW II, S. 874). Während der Vater sich um die ›Jiddischkeit‹ seiner Kinder sorgte und voller Gram deren Loslösung vom Judentum unter dem Einfluss der Schule beobachtete, war die Mutter nicht selten, und oft hinter seinem Rücken, der treibende Faktor einer solchen Entwicklung.

Dieser Konflikt erklärt sich auch aus der unterschiedlichen Schulbildung der Jungen und Mädchen. Jungen sollten sich ausschließlich mit dem Studium der heiligen Bücher des Judentums, also der Tora beziehungsweise dem Talmud, beschäftigen, weltliche Bildung wurde prinzipiell abgelehnt. Die Mädchen jedoch waren vom strengen religiösen Gebot des immerwährenden Studiums der heiligen Schrift befreit. Frauen hatten sich um die Einhaltung aller Speise- und Reinheitsgebote zu kümmern. Diese immense Arbeit ließ ihnen

»Die billigen Kerzen in den Leuchtern aus Alpaka hielten es nicht aus, sie begannen sich zu biegen.« (1. K., S. 11)

schlicht keine Zeit für ständiges Lernen und Studieren. Mädchen besuchten folglich in viel größerem Ausmaß als die Jungen öffentliche Schulen. Dadurch verfügten sie über ein wesentlich umfangreicheres säkulares Wissen und waren gegenüber weltlichen Einflüssen aufgeschlossener.

Der Roman schildert, wie die Verständigungsebene zwischen Mendel und Deborah verloren geht. Das Paar steht für die beiden auseinanderstrebenden Richtungen des gefährdeten Ostjudentums, nämlich Orthodoxie einerseits und Assimilation andererseits. Ihre gegenseitige Entfremdung manifestiert sich mit der Geburt des kranken Menuchim: »Eine Wand aus kaltem Glas trennte sie von ihrem Mann.« (2. K., S. 24) Die Erkenntnis, dass die Krankheit Menuchims wahrscheinlich unheilbar bleiben werde, wirkt als Vorbote der späteren Katastrophe. Im Schtetl galt ein Kind, das stumm, lahm, blind oder verunstaltet geboren wurde, als Beweis elterlicher Schuld, worin auch immer diese bestehen mochte.

Diese Schuld vermeint Mendel sehr viel später, nach dem Tod Deborahs, in der erloschenen Liebe zwischen ihm und ihr zu erkennen: »Weil nicht die Wärme der Liebe in uns war, sondern zwischen uns der Frost der Gewohnheit, starb alles rings um uns […].« (8. K., S. 130)

Selbst in ihrem großen Unglück finden die Eheleute nicht zusammen. Mendel vertraut ganz auf Gott und beschließt, dessen Hilfe für seinen Jüngsten zu erflehen, während Deborah diesen unbedingten Glauben nicht mehr aufbringen kann und gar nicht mehr wagt, Gott anzurufen. Sie sucht einen Wunderrabbi auf, um von diesem einen Rat zu erhalten. Die Worte des Rabbi deuten bereits auf das Ende des Romans hin:

> »Menuchim, Mendels Sohn, wird gesund werden. Seinesgleichen wird es nicht viele geben in Israel. Der Schmerz wird ihn weise machen, die Hässlichkeit gütig, die Bitternis milde und die Krankheit stark. Seine Augen werden weit sein und tief, seine Ohren hell und voll Widerhall. Sein Mund wird schweigen, aber wenn er die Lippen auftun wird, werden sie Gutes künden. […]« (1. K., S. 19 f.)

Ihr Besuch beim Wunderrabbi bedeutet nicht, dass Deborah Anhängerin des chassidischen Judentums wäre. Auch unter anderen orthodoxen Juden kam es vor, dass man in Krankheitsfällen den Rat eines Wunderrabbi suchte. Anfang 1930 bat Joseph Roth sogar selbst einen Freund, einen ostjüdischen Wunderrabbi zu holen, der Friedls Krankheit austreiben sollte; und auch Roths Vater verbrachte seine letzten Lebensjahre am Hofe eines Wunderrabbi.

Deborahs Wille zur Assimilation zeigt sich in der Bewirtung Macs, des amerikanischen Freunds von Schemarjah. Sie serviert plötzlich »Tee, Konfekt und Limonade« (6. K., S. 54), also Kostbarkeiten, von denen bisher nicht die Rede sein konnte. Der ersehnte Luxus kündigt sich hier schon an. Doch dann kommt der Rückschlag mit der Erkenntnis, dass man Menuchim zurücklassen müsste. Deborah ist hin- und hergerissen zwischen ihrer eigenen Sehnsucht nach einem anderen – vermeintlich besseren – Leben und der Fürsorge für das kranke Kind. Sie entschließt sich aufzubrechen, will in letzter Sekunde zurück, findet sich aber, sobald sie in Amerika angekommen ist, mit der neuen Situation ab. Als ein kleiner Wohlstand durch die Tätigkeit von Mac und Sam erreicht ist, wirkt sie sogar einigermaßen zufrieden. Dieser Zustand hält allerdings nur solange an, bis die Nachricht von Sams Tod eintrifft. Sams Erfolg in Amerika war für Deborah der Inbegriff einer erfolgreich verlaufenen Assimilation, die sie so sehr für sich selbst ersehnte. Sein Tod nimmt ihr jegliche Hoffnung und lässt sie widerstandslos zusammenbrechen; »hinter den Fensterscheiben ist die Welt schwarz« (12. K., S. 129). Es gibt keine Hoffnung mehr.

Jonas und Schemarjah

Jonas und Schemarjah sind die beiden ältesten Kinder der Familie Singer. Zu Beginn des Romans sind sie klein und ungehorsam und werden von ihrem Vater sehr streng, aber liebevoll erzogen. Wenn sie die Rolle der Vorsprecher in der Kinderschule übernehmen, ist Mendel sogar stolz auf sie. Die Verschiedenheit der beiden Brüder kleidet Roth in die Form eines Gleichnisses: »Jonas, der ältere, war stark wie ein Bär, Schemarjah, der jüngere, war schlau wie ein Fuchs.« (2. K., S. 21) Das Bärenhafte von Jonas wird durch sein wucherndes, gekräuseltes Haar, seine kleinen, schwarzen Augen und seinen stampfenden, trottenden Gang mit hängenden Armen noch weiter betont. Schemarjah hingegen wird tatsächlich wie ein Fuchs beschrieben: Sein Gang ist sanft und schleichend, er hat ein spitzes Profil und immer wache, helle Augen.

In Roths Beschreibung der beiden Brüder wiederholt sich die Konstellation der ungleichen Brüder Esau und Jakob in der Bibel. Esau, der erstgeborene Zwilling, war schon bei der Geburt rötlich, ganz rauh wie ein Fell, während Jakobs Haut glatt war. Esau wurde ein Jäger, der auf dem Felde umherstreifte, Jakob hingegen ein gesitteter Mann, der bei den Zelten blieb (1. Mos 25). Im Gegensatz zum biblischen Brüderpaar streiten Jonas und Schemarjah jedoch nie, obwohl auch sie – wie Esau und Jakob – ›zwei Reiche‹ verkörpern. Sie haben so wenig gemein, dass es praktisch keinerlei Berührungspunkte zwischen ihnen gibt, die zu einem Streit führen könnten. Roth nennt diese unausgesprochene Tatsache »ein Bündnis« (2. K., S. 22) – auch dieser Begriff weist auf den biblischen Hintergrund der Charakterisierung der beiden hin.

Ihre einzige Gemeinsamkeit, dass sie nämlich beide von ausnehmend guter Gesundheit sind, gereicht ihnen zum Nachteil und kostet sie letztlich sogar das Leben. So bilden sie den Gegenentwurf sowohl zu der Krankheit Menuchims als auch zu seiner späteren Gesundung.

Ihre Gesundheit bedeutet, dass sie zum Militärdienst einberufen werden, was in Russland immer gleichzusetzen war mit Zwangsassimilation. Ein Jude konnte beim Militär die

---

Wer sich dem 20. Lebensjahr näherte und so gesund war, daß er annehmen mußte, man würde ihn assentieren, floh nach Amerika. Wer kein Geld hatte, verstümmelte sich. Die Selbstverstümmelung grassierte ein paar Jahrzehnte vor dem Krieg unter den Juden des Ostens. […] Die Mutigsten gingen nach Amerika. Nie mehr durften sie zurück. Sie verzichteten schweren Herzens auf die Familie und leichten Herzens auf das Vaterland.

Joseph Roth, Juden auf Wanderschaft, in: JRW II, S. 879 f.

»Sie schleppten Menuchim wie ein Unglück durch die Stadt, sie ließen ihn liegen, sie ließen ihn fallen. [...] Der Kleine musste zwischen zweien gehalten werden. Er setzte nicht einen Fuß vor den andern wie ein Mensch.« (2. K., S. 22)

vorgeschriebenen Gebete nicht einhalten, die Speisevorschriften nicht beachten, den Sabbat nicht heiligen. Die Angst vor dem Militär trieb die Betroffenen oft zu Verzweiflungstaten.

Der jeweils in Jonas und Schemarjah angelegte Charakter manifestiert sich auf der Rückfahrt von der Musterungskommission. Schemarjah träumt zwar schon von großen Städten, in denen er das Leben vermutet, aber noch ist er ganz an die Tradition seines Vaters gebunden und ist damit auch völlig einverstanden: » ›Ich will sein, was ich bin‹, [...] ›ein Jude wie mein Vater Mendel Singer und kein Soldat und nüchtern‹ «, antwortet er seinem Bruder Jonas, der sich dagegen sehr bewusst von seiner Herkunft lösen will: » ›Ich möchte ein Bauer sein‹, [...] ›ich möchte betrunken sein und mit den Mädchen da schlafen.‹ « (3. K., S. 32) Mit anderen Worten, er will sich nicht nur assimilieren, sondern das Judentum verleugnen und ganz aufgeben; und er will auch keine jüdische Familie gründen. Jude ist nur, wer von einer jüdischen Mutter abstammt, man nennt das die matrilineare Verfasstheit des Judentums. Indem Jonas sein Verlangen nach irgendwelchen Mädchen äußert, denkt und spricht er wieder in Analogie zum biblischen Esau. Beide geben spontan ihren Wünschen nach. Esau ist hungrig. Um einen kurzen, vorübergehenden Moment lang den Genuss des Sattseins zu verspüren, verkauft er für ein Linsengericht sein Erstgeburtsrecht an seinen Bruder Jakob, was eine Handlung von weitreichenden Folgen darstellt. Weiter heißt es von Esau, dass er von seinem Schwert lebte und sich eine fremde Frau nahm.

Die Zügellosigkeit Jonas' gipfelt darin, dass er sich im Zug an dem von einem Bauern gereichten Schnaps betrinkt. Als die beiden Brüder durch den schwarzen Tannenwald nach Hause wandern, kommt zum ersten Mal etwas wie Streit zwischen ihnen auf, aber auch in dieser Situation ist Schemarjah der Vernünftigere und gibt nach. Sie werden begleitet von einem »heimatlose[n] Windstoß«, der »aus willkürlicher Himmelsrichtung« kommt (3. K., S. 34). Die Entgrenzung ihrer bisherigen Welt lässt keine Orts- oder Richtungsbestimmung mehr zu. Der drohende Militärdienst wird ihnen zwar äußerlich eine neue Heimat innerhalb der militärischen Ordnung bieten. Aber ihre eigene Heimat, das Judentum, müssen sie verlassen. Schwarzweiß malt Roth den Weg der beiden. Sie sind schwarz, das Judentum ist in die Farbe der Trauer und des Todes gekleidet, nicht einmal der fallende Schnee bleibt auf ihren Schultern liegen, während die Felder und Baumgruppen »weiß, weiß, weiß« sind (3. K., S. 35). Wie eine Beschwörung klingen Roths Worte. Weiß ist die Farbe der Unschuld, sie bleibt der Natur und den einfachen Bauern vorbehalten, die sich mit der Natur verbunden fühlen wie ihre Väter seit Generationen. Die Bauern nämlich werden weiß vom fallenden Schnee, sie gehen »in ihm einher wie in einer Heimat« (3. K., S. 36). In den Juden weckt die Natur an sich keine Heimatgefühle, sie sind Fremdkörper in ihr und empfinden sie eher als bedrohlich. Im Gegensatz zu den russischen Bauern fühlen sie keine heimatliche Verbundenheit mit der Natur. Schon Jonas macht sich über seinen Bruder Schemarjah lustig, weil dieser die Raben nicht erkennt, sondern sie pauschal als Vögel bezeichnet. Zu Hause wissen Schemarjah und Jonas sich beim Gedanken an das ›schwarzweiß‹ schimmernde Angesicht des Vaters (vgl. 3. K., S. 36). Mendel verkörpert nicht nur das Judentum, sondern – in dieser einzigen Beziehung den Bauern ähnlich – einen Menschen, der völlig mit sich selbst und mit seinem Leben zufrieden ist, denn es ist das gleiche Leben, das vor ihm sein Vater und auch dessen Vater geführt haben. In Mendel Singer ist beides zum letzten Mal für die beiden Söhne vereint: Judentum und Heimat. Für einen kurzen Moment empfinden Schemarjah und Jonas beim Nachhausekommen, als sie den Singsang der lernenden Kinder vernehmen, das Gleiche, und ihre Herzen schlagen sogar im »gleiche[n] Rhythmus« (3. K., S. 36).

Aber bereits am nächsten Tag zieht Jonas als Pferdeknecht zu einem Bauern, als hätte er nur auf einen Vorwand gewartet, das elterliche Haus zu verlassen, um endlich seiner – bäuerlichen – Natur nachgeben zu können.

Schemarjah, der ursprünglich wie sein Vater leben wollte, muss, um dem Militärdienst zu entgehen, erfüllt von Heimweh, nach Amerika auswandern. Seine Frau stammt jedoch aus der Heimat, er lernt sie noch in Polen kennen. Zunächst bemüht er sich offensichtlich, an den heimatlichen Gepflogenheiten festzuhalten. In Amerika passt er sich allerdings sehr schnell den dortigen Erfordernissen an.

Er zerreißt ein Band zu seinen Eltern, indem er den Namen ablegt, den diese ihm gegeben haben. Auf den Photographien, die sein Freund Mac zeigt, ist »kein Schemarjah mehr, sondern ein Sam« zu sehen (6. K., S. 57). Die Assimilierung hat bereits begonnen. ›Mac‹ heißt der Freund. Er kommt zu Mendels Familie gleichsam als Sohn der Neuen Welt, denn ursprünglich ist dies gar kein eigener Name, sondern nur ein Namenszusatz, eine Vorsilbe, die in Irland und Schottland, wo sie gebräuchlich ist, nichts anderes bedeutet als ›Sohn des‹ und vor den Vornamen des Vaters gesetzt wurde, wie beispielsweise in ›MacAndrews‹. Ähnlich geschieht dies bei den jiddischen Namen und ist in Nordeuropa noch bei Namen wie Johansen oder Peterson zu erkennen. Aber Mac trägt als Namen nur noch diese Vorsilbe, den Vater selbst hat auch er abgestreift. Von Schemarjah heißt es in Amerika, sein »Angesicht war glatt, wie ein nobler Grabstein« (9. K., S. 100). Er hat das Judentum in sich begraben, sein ›nobles Aussehen‹ ist nicht mehr als jüdisch zu identifizieren. Der Grabstein ist ein erster Hinweis auf Sams frühen Tod, den er für ein fremdes Land, für Amerika stirbt. – Trotzdem erreicht Schemarjah nie die Radikalität, mit der sein Bruder Jonas sich über sämtliche Traditionen hinwegsetzt.

Mirjam

Mirjam wird gleich zu Beginn des Romans als das Kind eingeführt, das Mendel am meisten ähnelt und das von ihm am meisten geliebt wird. Die Söhne »prügelte er wegen Ungehorsams. Aber das Jüngste, die Tochter Mirjam, liebkoste er häufig. Sie hatte sein schwarzes Haar und seine schwarzen, trägen und sanften Augen. Ihre Glieder waren zart, ihre Gelenke zerbrechlich. Eine junge Gazelle.« (1. K., S. 10) Joseph Roths Freund Soma Morgenstern schreibt über Roths Frau: »Sie war ein hübsches Mädchen, die Friedl. Schlank, mit langen Beinen, einem feingeschnittenen Gesicht und einem süffisanten Lächeln um den kleinen Mund. Aber wozu diese Beschreibung. Roth hat sie sehr genau im Hiob beschrieben. Sie ist Mendel Singers Tochter, ›eine Gazelle‹.« (Morgenstern, S. 151)

Joseph Roths Frau Friederike (Friedl), geborene Reichler (1900 bis 1940). Porträtaufnahme aus dem Jahr 1922.

Während das Verhältnis Mendels zu seinen Söhnen relativ gleichbleibend ist, ist seine Beziehung zur Tochter sehr ambivalent. Schon die weitere Beschreibung Mirjams, die in der Form der – von Mendel – erlebten Rede präsentiert wird, zeigt diese Doppeldeutigkeit im Vater-Tochter-Verhältnis: »kokett und gedankenlos« sei sie (3. K., S. 29). Jemand, der kokett ist, berechnet sehr genau die Wirkung, die er auf seine Umgebung ausübt, ist also nicht gedankenlos, sondern handelt im Gegenteil überlegt. »Die Zärtlichkeit«, die sie Menuchim entgegenbringt, hat »etwas Mörderisches« (2. K., S. 23). Auch hier verbindet der Erzähler mit der rhetorischen Figur der contradictio in adjecto (Widerspruch im Beiwort) einen sehr positiv besetzten Begriff – die »Zärtlichkeit« – mit einer äußerst negativ konnotierten Ergänzung – »etwas Mörderisches«. Mirjams Charakter ist nicht eindeutig, und der Erzähler schwankt zwischen Bewunderung und Abscheu.

Schon als kleines Mädchen reißt sie sich von der Mutter los und rennt in eine Kirche (vgl. 3. K., S. 27 f.): ein erster Hinweis auf ihre Abwendung vom Elternhaus. Später knotet sie ihren goldgelben Schal, an welchem Mendel sie dann im Arm des Kosaken erkennen wird, »in zwei wehende Flügel«; sie erinnern an die Engel in der Kirche. Ihr Lebens- und Liebeshunger wird schon in einem sehr frühen Stadium des Romans mit dem bevorstehenden Ende verbunden: »Noch wusste Mirjam nicht, in welch drohende Beziehung sie zu der fremden und schrecklichen Welt des Militärs treten sollte« (beide Zitate 3. K., S. 29).

Kaum halbwüchsig, sind ihre Augen schon »alt«, das heißt wissend, »in der braunen Jugend des Angesichtes«. Auch hier ist wieder im Gegensatz zwischen alt und jung der schwankende Charakter der Figur zu erkennen, gleichzeitig aber auch die ambivalente Haltung des Erzählers. Mirjam ist frühreif und ihr »großer roter Mund« lockt die Offiziere der im Ort stationierten Garnison. Die ihr nachstellenden Soldaten – sie werden als »Jäger« bezeichnet, wodurch die Metapher der »Gazelle« noch verstärkt wird – tragen einen »knalligen Schimmer von goldenen Knöpfen, silbernen Borten und blutroten Riemen« (alle Zitate 3. K., S. 29). Als sie mit ihren Eltern auswandert, werden ihr während der Übernachtung im Sammellager vor der Abreise des Schiffes »rote Bonbons angeboten. Mit einer großen, klebrigen Kugel im Mund schlief Mirjam ein« (8. K., S. 97). Diese Anspielungen, die durch die Farbe Rot verknüpft werden, sind eindeutig erotischer Natur, wie aus der erlebten Rede des Kosaken Iwan deutlich wird, der feststellt: »Auch war er in der Liebe nicht heimisch, alles hatte ihm Mirjam beigebracht, auf was für Gedanken war sie nicht schon gekommen!« (8. K., S. 88) Er ist nicht der einzige Liebhaber Mirjams: Sie trifft sich »mit einem von ihnen oder auch mit zweien. Manchmal kamen drei.« (8. K., S. 85)

Nachdem Jonas der Familie verkündet hat, dass er gerne zu den Soldaten gehe und auch dort bleiben wolle, geht Mirjam »im Hemd und auf koketten Zehen« durch den Raum, um die Lampe auszupusten (4. K., S. 47). Damit bekundet sie indirekt auch ihren Willen, nichts mehr mit dem Judentum ihrer Eltern zu tun haben zu wollen. Die Zehen sind nämlich nach jüdischem Verständnis Teile des Körpers, die fast Ekelgefühle auslösen. »Sie sind vom Kopf am weitesten entfernt, sie sind am tiefsten, der Erde am nächsten. Die Füße eines orthodoxen Juden sind nie unbedeckt, er schläft in Socken.« (Zborowski / Herzog, S. 286)

Mirjams kokettes Tänzeln in dieser Situation ist eine klare Stellungnahme gegen die elterliche religiöse Tradition und für den Bruder Jonas, der sich ganz bewusst von dieser Tradition löst. Beide wenden sich den Kosaken zu und gehen damit auf die größtmögliche Distanz zu ihrer Herkunft. Für die Ostjuden waren seit jeher die Kosaken die möglichen Aggressoren, die Anstifter und Durchführer der Pogrome; Mirjam ›verbrüdert‹ sich also mit dem schlimmsten Feind ihres Volks.

Unmissverständlich sind die Gedanken Mirjams beim Schließen der Fensterläden von außen:

> Sie löste die eisernen Haken von dem Holz der aufgeklappten Läden und schloss die beiden Flügel wie einen Schrank. Sie dachte an einen Sarg. Sie begrub die Eltern in dem kleinen Häuschen. Sie fühlte keine Wehmut. Mendel und Deborah Singer waren begraben. Die Welt war weit und lebendig. (7. K., S. 73)

In der Szene, in der Mendel Mirjam dabei beobachtet, wie sie mit einem Kosaken aus dem Feld kommt, kündigt sich ihre spätere Krankheit schon an: »leises, wahnsinniges Kichern« ist das Einzige, was der Vater von ihr hört (6. K., S. 65).

Dass Roth die in den Jahren 1926/27 ausbrechende Schizophrenie seiner Frau Friedl in der Figur der Mirjam literarisch verarbeitete, hat er in einem Brief an seine Schwiegermutter selbst bestätigt: »Friedl sollte lieber mein Buch nicht lesen. Es ist darin beschrieben, wie Mirjam geisteskrank wird, und das wird sie doch verstehen. [...] Vielleicht schadet es ihr, wenn sie mein Buch liest.« (Bronsen, S. 195)

Die Auskunft des Arztes in *Hiob* über Mirjams Erkrankung (vgl. 13. K., S. 135) entspricht den Ängsten Roths in Bezug auf Friedl. In seiner Novelle *Triumph der Schönheit* sagt der Ich-Erzähler: »Es ist die Panik des Gesunden vor dem Kranken, des Starken vor der Ohnmacht. Es gibt nichts Schlimmeres als die Mischung aus Liebe, Mitleid und Bangnis um das Geliebte und Bemitleidete. Eine gesunde Xanthippe ist besser und erträglicher als eine kränkliche Julia.« (JRW V, S. 630)

Mirjam wird auf einer »Bahre« weggetragen (13. K., S. 133). Eine Bahre nimmt man nur für Tote, ein kranker Mensch wird auf einer Trage transportiert. Der von Joseph Roth gewählte Ausdruck ist als Hinweis darauf zu verstehen, dass Mirjam nicht mehr zu retten ist. Sie ist unheilbar krank. Sams Aufstieg in Amerika barg für Mirjam – genau wie für Deborah – das Versprechen einer eigenen glücklichen Zukunft. Nun, da er nicht mehr lebt, gibt es niemanden mehr, der Mirjam diese Zukunft garantieren könnte. Wohl wäre Mac, ihr Freund, dazu in der Lage gewesen, aber während er als Soldat in Europa kämpfte, hatte sie sich von ihm ab- und dem zweifelhaften Mr. Glück zugewandt.

Als Mendel die Nachricht von Mirjams Wahnsinn erhält, stellt er fest: »Der Teufel ist in sie gefahren.« (13. K., S. 133) Damit wird Mirjam in die größte Gottferne gerückt. Später, kurz bevor Mendel sich von Gott abwendet, sinniert er: »der Teufel denkt aus mir, wie er aus meiner Tochter Mirjam redet« (13. K., S. 135). Die Krankheit der Tochter wird von Mendel als göttliche Strafe empfunden. Erst jetzt bäumt er sich auf gegen sein Schicksal. Den Tod der Söhne und den Tod seiner Frau konnte er noch verwinden. Erst der Untergang Mirjams führt zu Mendels Auflehnung. Dieses Kind ist von Anfang an auf besondere Weise mit ihm verbunden. Als Mendel sich gegen Ende des Romans in Menuchims Hotelzimmer befindet, denkt er (in der Form der erlebten Rede) an Mirjam: »seine Augen hatte sie« (16. K., S. 180). Diese Formulierung gemahnt an die Bitte im Psalm, »Behüte mich wie einen Augapfel im Auge« (Ps 17,8). Der Selbstvorwurf, genau dies versäumt zu haben, hat Mendel verzweifeln lassen und mit Gott entzweit. Menuchims Zuversicht, dass Mirjam genesen werde, macht diese Last für Mendel am Ende erträglicher und versöhnt ihn mit Gott und mit sich selbst.

Menuchim

Menuchim bedeutet »Tröster« und ist nach alter jüdischer Überlieferung ein möglicher Name für den zu erwartenden Messias, den Erlöser. In diesem Namen ist die spätere Rolle des jüngsten Kindes von Mendel und Deborah bereits vorgezeichnet. Mendel ist die jiddische Form des hebräischen Namens Menuchim; die besondere Nähe zwischen Mendel Singer und seinem jüngsten Kind ist auch in dieser Hinsicht schon in der Namensgebung angedeutet. Mit einer an den biblischen Sprachgebrauch angelehnten Formulierung gibt Roth Menuchims Geburtsstunde an: »um die vierte Stunde des Nachmittags« (1. K., S. 12) wird er in die Familie hineingeboren. Seine besondere, herausgehobene Position wird schon dadurch betont, dass Menuchim noch nicht auf der Welt ist, als die Romanhandlung einsetzt. Ein noch deutlicherer Hinweis auf seine spätere zentrale Funktion ist das an der Decke befestigte Körbchen, in welchem er liegt und in dem er gleichsam über dem Geschehen schwebt.

Auch seine Krankheit, die später als Epilepsie diagnostiziert wird und sich zunächst in seinem Unvermögen zu sprechen und zu laufen äußert, verweist auf die tiefere Bedeutung seines Namens: In einer messianischen Erzählung sucht der Prophet Elia am Tage der Tempelzerstörung (70 n. Chr.) den Messias und findet eine klagende Mutter vor. Auf die Frage nach dem Grund ihrer Klage antwortet sie, der Knabe sei schließlich »an dem Tage geboren, da das Haus Gottes zerstört wurde«. Elia bedeutet ihr, den Knaben zu hüten und auf ihn achtzugeben, denn »durch ihn wird dereinst großes Heil euch zuteil werden«. Fünf Jahre später sucht Elia diese Frau wieder auf, um nach dem »Erlöser Israels« zu schauen. Er findet sie vor der Tür sitzend, den Knaben auf dem Boden liegend. Sie jammert: »Füße hat er und kann nicht gehen, Augen hat er und kann nicht sehen, Ohren hat er und kann nicht hören, einen Mund hat er und kann nicht sprechen, und immer liegt er da gleichwie ein Stein.« (Micha Josef bin Gorion: Aus alten Büchern. In Bethlehem, in Jerusalem und in Rom. Fünf messianische Texte. In: *Vom Judentum. Ein Sammelbuch.* Herausgegeben vom Verein jüdischer Hochschüler Bar Kochba in Prag. Leipzig 1913, S. 267–273, hier S. 268) Die Parallele zur Figur des Menuchim im Roman ist nicht zu übersehen. Vom Zeitpunkt seiner Geburt an beginnt die schleichende Zerstörung von Mendels Haus. Zunächst dreht sich alles um das kranke Kind. Die drei größeren Geschwister sind eifersüchtig. Wenn die Eltern nicht hinschauen, quälen sie den Wehrlosen. Manchmal sind alle drei beteiligt, manchmal ist es auch nur Mirjam, die ihn piesackt, wenn sie mit ihm alleine ist.

In der Gestalt des Menuchim sind darüber hinaus viele Parallelen zur Figur des Joseph in der biblischen Erzählung von Joseph und seinen Brüdern zu finden (1. Mose 37–50). Der biblische Joseph wird von seinen Brüdern angefeindet, weil er vom Vater mehr geliebt wird. Sie werfen ihn in einen Brunnen und verkaufen ihn als Sklaven nach Ägypten. Dort steigt er nach schweren inneren und äußeren Prüfungen zur ›rechten Hand‹ des Pharao auf, und als die Brüder von einer Hungersnot getrieben nach Ägypten reisen, versöhnt er sich mit ihnen und lässt den Vater nachkommen.

Menuchim wird von seinen älteren Geschwistern, denen er verhasst ist, weil ihm vermeintlich die ganze elterliche Liebe gilt, in einen Bottich gesteckt,

> in dem sich Regenwasser seit einem halben Jahr gesammelt hatte, Würmer herumschwammen, Obstreste und verschimmelte Brotrinden. Sie hielten ihn an den krummen Beinen und stießen seinen grauen, breiten Kopf ein Dutzend Mal ins Wasser. Dann zogen sie ihn heraus, mit klopfenden Herzen, roten Wangen, in der freudigen und grausigen Erwartung, einen Toten zu halten. Aber Menuchim lebte. (2. K., S. 23)

Die Ähnlichkeit mit Joseph, der von den Brüdern in den Brunnen gesteckt wird, weil auf ihm mehr des väterlichen Segens ruht als auf ihnen, ist offensichtlich. Um den Bezug zum biblischen Text noch deutlicher herzustellen, heißt es weiter: »Eine große Furcht vor Gottes kleinem Finger, der eben ganz leise gewinkt hatte, ergriff die zwei Knaben und das Mädchen.«

In der biblischen Josephslegende liegt der Bericht einer sehr frühen erfolgreichen Assimilation vor. Joseph ist dadurch, dass er sich den Ägyptern angleicht, sich Anerkennung sowie hohen gesellschaftlichen Rang zu erwerben weiß und sogar eine Ägypterin heiratet, in der Lage, sein Volk zu ernähren und zu retten, ohne dass sich sein Volk selbst assimilieren müsste. Die Juden konnten so im ägyptischen Exil als Volk mit eigenem Glauben, eigenen Vorschriften und Gesetzen bestehen bleiben.

Eine weitere biblische Parallele zur Figur des Menuchim findet sich im Neuen Testament. Im Matthäusevangelium wird von der Heilung eines mondsüchtigen Knaben berichtet, im Markusevangelium handelt es sich bei der fast gleichlautenden Erzählung um einen besessenen Knaben. In beiden Fällen heißt es, der Knabe falle oft ins Feuer und oft ins Wasser (Mt 17,14–20 und Mk 9,14–29). Der Vergleich mit Menuchim, der in die mit Regenwasser gefüllte Tonne gesteckt wird und dessen Gesundung durch den Schock eines ausbrechenden Feuers eingeleitet wird, liegt nahe. Weiter heißt es im Markusevangelium, dass diese Krankheit durch nichts ausfahren könne als durch Beten und Fasten. Genau diese beiden Mittel versuchen Mendel und Deborah anzuwenden, nachdem sie erfahren haben, woran Menuchim leidet: Deborah betet an den Gräbern ihrer Angehörigen, und Mendel fastet von Stund an zweimal anstelle von einmal wie bisher.

Menuchim macht eine Metamorphose zum Künstler durch. Dieser Erzählstrang verläuft im Hintergrund des Romans, vordergründig wird Mendels Geschichte erzählt. Seine Kunst, die Musik, befähigt Menuchim, den Vater zu retten. Der assimilierte Künstler war das Opfer, das vom Judentum erbracht werden musste, worauf Joseph Roth häufig hinweist. Von Menuchim heißt es ausdrücklich: Deborah, als sie mit dem Kind zu dem Wunderrabbi kommt, »blieb an der Schwelle, auf beiden Armen bot sie ihren Sohn dar, wie man ein Opfer bringt« (1. K., S. 19).

Auch die Weissagung des Wunderrabbis deutet schon auf Menuchims späteres Künstlertum als Musiker hin:

> Menuchim […] wird gesund werden. […] Seine Augen werden weit sein und tief, seine Ohren hell und voll Widerhall. Sein Mund wird schweigen, aber wenn er die Lippen auftun wird, werden sie Gutes künden. (1. K., S. 19 f.)

Von Anfang an wird die Figur des Menuchim mit Musik und unterschiedlichen Klängen in Verbindung gebracht. Dies sind Vorausweisungen auf seine spätere Musikalität. Noch während Deborah mit ihm schwanger ist, sucht sie Mirjam, die sich von ihrer Hand losgerissen hat. Voller Entsetzen stellt die Mutter fest, dass die Tochter in eine Kirche gelaufen ist. Deborah stürzt »in den vollen Gesang, in das Brausen der Orgel«. Aber da es der Gesang und das Orgelspiel einer christlichen Kirche ist, gerät Deborah in Panik und befürchtet nun, »[e]in Unglück [...] im Schoß« zu tragen (3. K., S. 28).

Zum ersten Mal wacht der kranke Menuchim aus seiner Lethargie auf und nimmt seine Umgebung andeutungsweise wahr, als Mendel mit einem Löffel an ein Glas schlägt und dabei einen zart läutenden Ton erzeugt. Mendel holt das kranke Kind aus der Ecke heraus, in die ihn die großen Kinder immer wieder wie ein »Stück Dreck« (2. K., S. 22 f.) legen. Er setzt ihn vor sich auf den Tisch und spricht den Namen Menuchim zehnmal aus, ohne dass das Kind sich regt. »Dann ergriff Mendel seinen Löffel, schlug damit gegen ein Teeglas, und sofort wendete Menuchim den Kopf, und ein kleines Lichtlein flammte in seinen großen, grauen, hervorquellenden Augen auf.« (4. K., S. 42) Aber Mendel merkt nicht, dass es die musikalischen Klänge sind, die Menuchim aus seiner Dumpfheit reißen, und die Musik ein möglicher Weg zu Menuchims Heilung sein könnte. Er vertraut vielmehr den Ritualen der Religion und versucht nun das Interesse des Kindes durch den Singsang, in welchem er seine Schüler zu unterrichten pflegt, wachzuhalten. Das gelingt jedoch nicht. Viermal insgesamt bemüht sich Mendel vergeblich, das Kind mit Worten aus der Lethargie zu wecken. Zweimal dagegen schafft er es, Menuchim mit Klängen zu einer Reaktion zu bewegen. Als zum dritten Mal Töne erschallen, sind es sieben Schläge von der Turmuhr, »vier tiefe und drei helle«. Nun streckt Menuchim den Kopf in die Luft, »als atmete er den nachhallenden Gesang der Glocken ein« (4. K., S. 43). Wieder sind Glocken Vorboten seiner späteren Assimilation. Die vier vergeblichen Versuche Mendels korrespondieren mit den vier tiefen Schlägen der Glocke, die insgesamt drei erfolgreichen Klänge entsprechen den drei hellen Schlägen. Roth gebraucht im Zusammenhang mit Menuchim immer wieder die Wörter »Glocken« und »läuten«. Übrigens hat auch Mirjam eine Stimme wie »eine der gehassten und gefürchteten Kirchenglocken« (8. K., S. 86). Einmal sieht Mendel sogar im Traum Menuchim zwischen roten und goldenen »Sängerinnen« (11. K., S. 117).

Ab dem 28. Juni 1930 wurde im Berliner *Tagebuch* eine Serie von Feuilletonbeiträgen veröffentlicht, die Roth bereits ein Jahr zuvor geschrieben hatte. Darin heißt es: »Solange man die Irren nicht mit Hilfe der Naturwissenschaft heilen kann, darf man erwägen, ob sie vielleicht durch Religion, Musik, Zauberei, Philosophie zu heilen sind.« (JRW III, S. 227) Die beiden ersten Therapievorschläge kommen an dieser Stelle des *Hiob* zum Einsatz, werden aber zunächst nicht weiter verfolgt. Am Ende ist es tatsächlich die Musiktherapie, die zu Menuchims Heilung führt. Die Musik ist die Kunst, die von allen Völkern unabhängig von Sprache oder irgendeiner Nationalitätenfrage am besten verstanden wird. Auch Mendel gesundet durch die Musik. Es ist ›Menuchims Lied‹, das ihn am ›Friedenstag‹ – der Zweite Weltkrieg ist zu Ende (vgl. 14. K., S. 151) – zum ersten Mal wieder aus seiner Lethargie reißt.

Roth verarbeitet in der Figur des Menuchim sein eigenes Trauma, Friedl vielleicht nicht genug geliebt zu haben, sie zurückgelassen zu haben in psychiatrischen Kliniken. Die Gestaltung dieser Figur ist auch ein Versuch, mittels der Kunst das vermeintliche Versagen im eigenen Leben zu kompensieren. Roth zeigt aber auch gleichnishaft auf, dass Assimilation am ehesten im Künstlertum gelingen kann.

3 Gehalt

Roth und die Sprache

Joseph Roth gehörte zu den großen Verehrern der deutschen Sprache und zu denen, die sie wirklich meisterhaft beherrschten. Seine rhythmisierte Prosa lebt von der Wiederholung bestimmter metrischer Grundmuster, ohne jedoch dabei jemals eintönig zu wirken. Joseph Roth selbst wurde niemals müde, bei anderen Schriftstellern ihren genauen und kenntnisreichen Umgang mit der Sprache zu loben. So empfahl er etwa Hermann Kestens (1900–1996) Roman *Der Gerechte* im *Neuen Tage-Buch* (Paris) am 26. Mai 1934 in einer Besprechung unter dem Titel *Niederlage der Gerechtigkeit* als eines der bedeutendsten Bücher der deutschen Emigrationsliteratur:

> Wenn es jemals eines Beweises dafür bedurft hätte, daß die wahre Heimat eines echten Dichters die Sprache ist, so ist dieses Buch einer. Das Vaterland des echten Schriftstellers ist seine Sprache. Ihm allein ist die Gnade zuteil geworden, seine Heimat mit sich zu führen. [...] Das Vaterland, das ihn verbannt hat, hat sich seiner beraubt; nicht er ist der Heimat beraubt worden. (JRW III, S. 507)

Ihre Gesetze, die Gesetze der deutschen Sprache, sind die einzig unwandelbar gültigen im Verlauf des jahrhundertelangen deutschen nationalen Lebens. Und ihre Unwandelbarkeit ist noch so stark, daß sie Fremde assimiliert, anzieht und heimisch macht, aufzieht und wandelt. In der Mitte liegt sie, wie das Land, zwischen Ost und West, Nord und Süd.

Joseph Roth, Bekenntnis zu Deutschland, in: Frankfurter Zeitung, Ausgabe vom 27. September 1931, zitiert nach: JRW III, S. 393 f.

Joseph Roth sah im sorgsamen, künstlerisch bewussten Umgang mit der Sprache die einzige Möglichkeit für den Emigranten, seine Identität zu bewahren. Aber die Beziehung ist wechselseitig, denn zugleich lebt eine Sprachgemeinschaft natürlich von denjenigen, die sich darin dichterisch auszudrücken verstehen. Roth lehnte es auch nicht, wie viele andere Emigranten, ab, deutsch zu sprechen. Im Gegenteil versuchte er, sich mit der Sprache sein altes Sein und Bewusstsein zu bewahren. Allerdings bedeutete Sprache für ihn mehr als nur ein Mittel der Verständigung, mehr als nur ein Handwerkszeug. Roth wollte der Sprache auch dienen. Sprache war in einem ganz umfassenden Sinn Grundlage seines Daseins.

Für Joseph Roth hatte die deutsche Sprache eine existenzielle Bedeutung. Seiner Meinung nach besaß Sprache eine Eigenständigkeit. Zwar könne sie von dem einen mehr, von dem anderen weniger gut beherrscht und sogar missbraucht werden. Aber selbst wenn sie, von Mördern gesprochen, mörderisch klinge, bleibe sie in ihrem Regelwerk, in ihrer Gesetzmäßigkeit, in ihrer Schönheit im Grunde unantastbar. Roth stellte sich auf den Standpunkt, dass die deutsche Sprache mit den Emigranten zusammen emigriert sei. Deutlich brachte er dies in der Besprechung eines Gedichtbandes von Walter Mehring (1896–1981) – wieder im in Paris erscheinenden *Neuen Tage-Buch* (Ausgabe vom 17. April 1934) – zum Ausdruck:

> Das Land ›Staatenlos‹: Dort sind wir zu Hause. Dort und in der deutschen Sprache, unserer einzigen Heimat, seitdem sie heimatlos in Deutschland geworden ist, von arischen Mauschlern geschändet, von ›jüdischen‹ Dichtern allein noch verteidigt, von toll gewordenen sechzig Millionen gelallt, von Brandbuben als Zunder mißbraucht. Ihr selbst, der Sprache, meine ich, verhelfen Sie in der Welt zu ihrem alten Klang und Glanz. (JRW III, S. 517)

Warschau 1921: Büro der HIAS, der 1888 in New York gegründeten »Hebrew Sheltering and Immigrant Aid Society«.

In bewusster Umkehrung der herrschenden Vorurteile bezeichnet Roth in diesen Sätzen die Nationalsozialisten als »arische Mauschler«. Seit dem frühen 19. Jahrhundert gebrauchte man für die Sprache der Juden den Begriff ›mauscheln‹, um ihre Art zu sprechen vom ›richtigen‹ Deutsch zu unterscheiden. Es handelt sich dabei um eine deutsche Wortbildung, die vom Eigennamen Moishe (Moses) abgeleitet und bis zum Dreißigjährigen Krieg zurückzuverfolgen ist. Sie bezog sich ursprünglich ausdrücklich auf Handlungen von Juden. Joseph Roth versucht hier, den Nationalsozialisten mit ihren eigenen Waffen zu begegnen, indem er ihre Sprache mit einem Begriff bezeichnet, mit welchem sie selbst (und andere Deutsche) die jiddische Sprache diffamierten.

Die deutsche Sprache war für den Dichter Joseph Roth wirklich Heimat, und zwar die einzige Heimat, die ihm blieb. Er nahm sie überall mit hin, sie war sein portatives – sein tragbares – Heimatland.

In den eigentlichen Exiljahren, also nach 1933, gewann die Sprache für Roth zunehmend an Bedeutung als letztes Refugium der Verfolgten: »Die wirkliche Heimat des emigrierten Schriftstellers ist die Sprache, in der er schreibt, und seine Freiheit ist die Freiheit, ausdrücken zu dürfen, was er denkt.« (*Der Maulkorb für deutsche Schriftsteller*; JRW III, S. 852) Im Festhalten an der deutschen Sprache trat Roth gleichsam der Anmaßung der Nationalsozialisten entgegen, die den Juden das Recht absprachen, sich des Deutschen nach eigenem Willen zu bedienen. Den Juden in Deutschland war sogar verboten worden, Stücke deutscher Dichter oder Musiker aufzuführen.

Roth und die Assimilation

Bereits vier Jahre vor der Veröffentlichung von *Hiob* erschienen zwei Artikel in der *Frankfurter Zeitung*, in welchen Joseph Roth das Thema des Romans behandelte. Im Auftrag der Zeitung hatte er zuvor eine längere Reportagereise durch Russland unternommen. Beide Berichte – ›Die Lage der Juden in Sowjetrußland‹ (9. November 1926) und ›Ein Jude geht nach Amerika‹ (13. März 1927) – brachte Roth unter dem Titel *Juden auf Wanderschaft* 1927 beim Verlag *Die Schmiede* in Berlin auch als Buch heraus. Das tragische Dasein der jüdischen Bevölkerung in Osteuropa, ihre durch die Not erzwungene Auswanderung, die Schwierigkeiten bei der Ankunft in der Fremde, die Unfähigkeit zur Assimilation – mit einem Wort, alle Probleme des Lebens- und Überlebenskampfes der Familie Mendel Singers tauchen hier schon auf.

Mit analytischer Genauigkeit beobachtete Roth das Leben der Ostjuden und sah hinter der vermeintlichen kulturellen Unversehrtheit das Elend und die Not der Menschen im Schtetl. Den Ostjuden blieb nur die Wahl zwischen Emigration nach Westeuropa oder Amerika, Sozialismus oder Zionismus, Orthodoxie oder Assimilation.

Im Gegensatz zu der Haltung, die Roth für sich selbst – im Hinblick auf seine eigene (vollzogene) Assimilation – einnahm und die er nie änderte, stand er der Assimilation der Ostjuden völlig ablehnend gegenüber. Durch die Anpassung an eine fremde Kultur liefen sie seiner Meinung nach Gefahr, ihren Glauben und damit eine Form von Heimat zu verlieren. Als Ausgleich für diesen Verlust bekämen sie nur die Laster der westlichen Bourgeoisie, insbesondere die des liberalen jüdischen Bürgertums, geboten.

Das so stark ausgeprägte Zusammengehörigkeitsgefühl unter den Juden in Osteuropa entstand durch den gemeinsamen Glauben und dadurch, dass jeder Einzelne im Schtetl nach den Grundsätzen dieses Glaubens lebte. Die jüdische Orthodoxie durchdringt das Leben eines jeden Gläubigen vom Erwachen am Morgen bis zum Schlafengehen nach dem letzten Gebet. Bei den unterschiedlichsten Handlungen sind Segenssprüche zu sprechen, die Einhaltung der Speisegesetze erfordert die ganze Aufmerksamkeit. Aber in einer Gemeinschaft von vielen, die diese alles umfassende Reglementierung des alltäglichen Lebens als Selbstverständlichkeit betrachten, wird deren Berechtigung nicht in Frage gestellt. Der Einzelne fühlt sich völlig im Einklang mit seinen Glaubensgenossen. Hinzu kam, dass die Ostjuden inmitten einer feindlich – oder zumindest unfreundlich – gesinnten Umgebung lebten. Für sie bedeutete die Gemeinsamkeit des Glaubens und damit der gesamten Lebensführung eine Selbstvergewisserung, die sie täglich erneuerten.

Joseph Roth fasste jede noch so äußerliche Assimilation als eine Flucht oder den Versuch einer Flucht aus der traurigen Gemeinschaft der Verfolgten auf, als einen Versuch, Gegensätze auszugleichen, die trotzdem vorhanden waren. Er beschwor die Schönheit der Landschaft im Osten, die von den Juden überhaupt nicht beachtet werde, er appellierte an das

Erinnerungsvermögen der Emigrierten, die von einer Sehnsucht nach dem Westen getrieben worden waren, die dieser seiner Meinung nach keineswegs verdiente.

Deutschland war in Roths Augen nicht nur das Land der Dichter, das es in den Träumen der Ostjuden oft darstellte. Deutschland verkörperte auch den Westen mit seiner sozialen Ungerechtigkeit und dem bereits unübersehbar aufkommenden antisemitischen Hass. Im Gegensatz zu den Ostjuden sei den Westjuden die Selbstverständlichkeit des Glaubens abhanden gekommen. Über die Berliner Juden schreibt Roth fast bitter: »Diese Juden befolgen die religiösen Bräuche mehr aus Pietät als aus religiösem Bedürfnis: Sie denken an Gott nur, wenn sie ihn brauchen, und es ist ihr Glück, daß sie ihn ziemlich oft brauchen.« (*Juden auf Wanderschaft*; JRW II, S. 870)

Der große Gegensatz, der zwischen den seit langer Zeit assimilierten Westjuden und ›ihren Vettern‹, den Ostjuden, herrschte, war ein Problem, das viele Schriftsteller der damaligen Zeit beschäftigte. Roth selbst setzte sich immer wieder von Neuem mit dieser Frage auseinander.

Joseph Roth beobachtete die Ostjuden in verschiedenen westlichen Städten und stellte dabei fest, dass die Bedingungen, unter denen die zugewanderten Juden dort jeweils leben konnten, sehr unterschiedlich waren. In Wien wohnten die meisten Juden in der Leopoldstadt, hier sei ein Aufstieg schon in der nächsten Generation möglich. Hätten die Eltern noch geschachert und hausiert, so würden aus den Kindern schon »Anwälte, Mediziner, Bankbeamte, Journalisten, Schauspieler« (*Juden auf Wanderschaft*; JRW II, S. 857). Trotzdem war die Leopoldstadt ein sehr armer Bezirk, und nach Roth war es das schwerste Los, welches einen Ostjuden treffen konnte, in Wien zu leben – schließlich verfügte er über eigene Erfahrungen als ein aus Galizien in Wien zugezogener Student. Das Klima an der Wiener Universität war schon vor dem Ersten Weltkrieg ziemlich judenfeindlich, was sich ab dem Wintersemester 1914/15 noch verstärkte. Nach dem Einfall der russischen Armee in Galizien im Spätsommer 1914 waren fast 400 000 Juden auf der Flucht, sehr viele von ihnen kamen nach Wien. An der Wiener Universität herrsche die »Borniertheit«, an den deutschen Universitäten der »Bierkrug«, womit Roth die studentischen Verbindungen meinte, die fast immer deutschnational, oft antisemitisch gesinnt waren (*Juden auf Wanderschaft*; JRW II, S. 877)

Anders war die Situation in Berlin. Die Gegenüberstellung von Berlin und Wien gehörte damals zum Standardrepertoire der Feuilletonisten. Wien galt als Stadt ohne Zukunft, Berlin als Stadt ohne Vergangenheit. In einer Stadt, die keine Tradition habe und deren Bewohner dementsprechend wenig Standesbewusstsein besäßen, spiele es keine so große Rolle, woher ein Mensch komme. Er müsse nur in der Lage sein, das dort herrschende hitzige, fiebrige Tempo mitzuhalten. Das hieß im Falle der Ostjuden, sich so rasch wie möglich zu assimilieren.

Die dritte Stadt, in der Roth die eingewanderten Ostjuden beobachtete, war Paris. Auch selbst wenn sie erst einmal Respekt vor der französischen Sprache hätten, wie er schreibt, lebten sie dort dennoch wie »Gott in Frankreich«. Es gehe den Juden in Paris besser als in jeder anderen westlichen Weltstadt. Ganz bestimmt trug Roths eigene große Liebe zu Paris entscheidend zu dieser Auffassung bei. Er schildert die Sprachschwierigkeiten, die naturgemäß immer dann auftreten, wenn Einwanderer in einem Land mit einer für sie fremden Sprache sich mit ihren Kindern und Enkelkindern unterhalten. Meistens lernen die Kinder die neue Sprache sehr schnell und sind nach kürzester Zeit zweisprachig. Sind sie erwachsen und bekommen ihrerseits wieder Kinder, wird zwischen ihnen die Landessprache oft zur einzigen Umgangssprache, sodass diese neue Generation oft nur wieder einsprachig ist, allerdings in der ›neuen‹ Sprache. So kommt es fast zwangsläufig zu Verständigungsschwierigkeiten zwischen der Großeltern- und der Enkelgeneration. Bei den nach Paris ausgewanderten Ostjuden konstatierte Roth dieses Phänomen allerdings belustigt und bezeichnete es als ›heiteres Kauderwelsch‹. Den in Amerika lebenden Ostjuden kreidete er denselben Sachverhalt jedoch an und sah darin den Beweis einer wachsenden Entfremdung zwischen den Generationen. In *Hiob* wendet Mendel sich nach Schemarjahs (Sams) Tod von dessen Sohn, seinem Enkelkind, ab. Er begründet diesen Schritt zwar mit der möglichen Hochzeit von Vega, seiner Schwiegertochter, und Mac. Aber eine entscheidende Rolle spielt auch die dadurch beförderte schnellere Assimilierung des Kindes und die damit einhergehende Sprachlosigkeit zwischen den Generationen, die er vorausahnt. »Die seit 30 Jahren im Judenviertel von New York ansässigen Juden sprechen auch noch Jiddisch und können ihre eigenen Enkel nicht mehr verstehen.« (*Juden auf Wanderschaft*; JRW II, S. 882)

Roth und Amerika

Joseph Roths Verhältnis zu Amerika ist geprägt von intellektuellem Kulturpessimismus einerseits und einem vor dem Ersten Weltkrieg im deutschen Bürgertum verbreiteten Antiamerikanismus andererseits. Man befürchtete eine Bedrohung der europäischen Kultur durch die amerikanische Moderne, die man mit Materialismus, Fortschrittsgläubigkeit und vor allem mit Kultur- und Geschichtslosigkeit gleichsetzte. Roth selbst war nie in Amerika und reagierte fast empört auf das Angebot der *Frankfurter Zeitung* im Sommer 1926, als Auslandskorrespondent in die USA zu gehen. Er lehnte die Position in einem Brief vom 2. Juni ab, mit der Begründung, dass »Amerika auch im nächsten Jahr noch Amerika, schlimmstenfalls noch amerikanischer sein könnte« (JRB, S. 92).

Immigranten bei der Ankunft auf Ellis Island vor New York, der unvermeidlichen Zwischenstation für alle Einwanderer (um 1900).

Obwohl diese Passage einen nicht zu überhörenden ironischen Unterton enthält, ist sie von einer luziden Aktualität. Auch heute werden Einwanderer von der aufnehmenden Bevölkerung leichter akzeptiert, wenn sie äußerlich nicht zu sehr als Fremde auffallen. Aber auch untereinander nehmen Migranten nicht selten Einteilungen nach ›besseren‹ und ›schlechteren‹ Herkunftsländern vor.

Die Juden mussten – wie alle Einwanderer – selbstverständlich erst einmal nach Ellis Island in Quarantäne. Die vor New York gelegene Insel war Sitz der amerikanischen Einwanderungsbehörde. Zwischen 1892 und 1954 wurden hier etwa 12 Millionen Einwanderer durchgeschleust. Joseph Roth beschreibt das Gefühl eines einwanderungswilligen jungen Juden so: »Ein hoher Zaun schützt Amerika vor ihm. Durch die Gitter seines Kerkers sieht er die Freiheitsstatue, und er weiß nicht, ob er oder die Freiheit eingesperrt ist.« (*Juden auf Wanderschaft*; JRW II, S. 885)

Auch Mendel Singer muss sich mit seiner ganzen Familie zunächst einige Tage nach Ellis Island begeben, bevor es Mac gelingt, sie vorzeitig dort abzuholen (vgl. 9. K., S. 100 f.). Aber eine Hoffnung blieb dem eben eingewanderten Juden, wie es Joseph Roth in *Juden auf Wanderschaft* ausdrückt, auch wenn angesichts des eigenen Schicksals Sorgen und Skepsis überwogen: »Seine Kinder werden vielleicht Amerikaner werden. Vielleicht berühmte Amerikaner, reiche Amerikaner. Könige irgendeines Materials.« (JRW II, S. 886) Treffender kann man einen fast ausschließlich auf Materialismus und Anpassung gegründeten Wohlstand nicht beschreiben. Ein ›König‹ kann hier jeder werden, der es versteht, aus irgendeinem Material, ganz gleich welchem, möglichst viel Profit zu schlagen. Diese bittere Sicht Joseph Roths auf Amerika nimmt in romanhafter Form im zweiten Teil des *Hiob* Gestalt an.

IV Exemplarische Interpretationen

1 Mendel Singers Amerika

In Amerika angekommen, ist Mendel Singer vom Anblick seines Sohnes Schemarjah verwirrt. Er sieht gleichzeitig Sam und Schemarjah und dann doch wieder nur einen. Bisher war Mendel in völliger Übereinstimmung mit sich selbst und seinem Glauben, an dem er unverrückbar festhielt, ganz gleich von welchen Schicksalsschlägen er getroffen wurde. Nun hat das Unglück, das vertraute Schtetl verlassen zu haben, diese Selbstsicherheit zunichtegemacht. Seine Persönlichkeit ist gespalten, was er zuerst beim Anblick seines Sohnes merkt. Diesen durch die Entfernung von der Tradition verursachten Verlust des Selbst, das Gefühl, nicht mehr in sich selbst heimisch zu sein, beschreibt Roth auch in *Juden auf Wanderschaft*: »Sie gaben sich auf, indem sie Händler im Westen wurden. Sie gaben sich auf. Sie verloren sich.« (JRW II, S. 833)

Mendel muss feststellen, dass aus Schemarjah wirklich Sam geworden ist, denn dieser trägt keinen Bart mehr. Die meisten frommen Juden verurteilen einen Mann aufs Schärfste, der seinen Bart entfernt – wie überhaupt das rasierte Gesicht das deutlichste äußere Merkmal für den Abfall vom Glauben darstellt. Der rasierte Sam trägt nicht mehr das Kennzeichen seines Volkes. Schemarjahs »Angesicht war glatt wie ein nobler Grabstein« (9. K., S. 100). Er hat das Judentum in sich begraben, sein ›nobles Aussehen‹ ist nicht mehr als jüdisch zu identifizieren. Der Grabstein ist ein erster Hinweis auf Sams frühen Tod, den er für ein fremdes Land, für Amerika, stirbt.

Die erste Fahrt durch New York wird für Mendel zu einer regelrechten Höllenfahrt, er spürt den »feurige[n] Atem der Hölle, […] wehende[n] Lärm«. Eine infantile Regression bemächtigt sich seiner, er verspürt den Drang zu weinen »wie ein kleines Kind«. Er hat seine Sinne nicht mehr beisammen, er weiß »nicht mehr, was zu hören, zu sehen, zu riechen war«. Er verliert die Grundfähigkeiten eines Menschen, ist sich selbst völlig entfremdet. Diese Panikattacke gipfelt in einer Ohnmacht: »Amerika drang auf ihn ein, Amerika zerbrach ihn, Amerika zerschmetterte ihn. Nach einigen Minuten wurde er ohnmächtig.« Mendel Singer ist in dieser Situation völlig passiv dem Geschehen ausgeliefert, er zerbricht nicht an Amerika, sondern »Amerika zerbrach ihn«. Amerika ist zum eigenständig handelnden Subjekt geworden. Er verliert den Bezug zu sich selbst, seine ganze Persönlichkeit ist aufgelöst, er hat im wirklichen Sinn des Wortes kein Selbstbewusstsein mehr. »Erst an seinen Angehörigen [...] erkannte er sich selbst wieder. [...] Es war ihm, als wäre er aus sich selbst herausgestoßen worden, von sich selbst getrennt, würde er fortan leben müssen.« (Alle Zitate: 9. K., S. 102 f.) Nur im Schtetl, unter seinesgleichen, besaß ein Ostjude Selbstbewusstsein, da er sich von seinen Mitmenschen nicht unterschied. Hier war er nicht fremd, hier wurde er nicht nach seiner äußeren Erscheinung beurteilt, hier kannte er genau die Stellung, die er innerhalb der Gemeinde innehatte. Im Westen war er eine auffallende Persönlichkeit, gespalten zwischen dem Bedürfnis, sich der neuen Umgebung anzupassen, um nicht zu sehr als Außenseiter erkannt zu werden, und dem Wunsch, sein Judentum nicht verleugnen zu müssen.

Mendel Singer, als Verkörperung einer streng patriarchalischen Ordnung, hat in Amerika keine Chance. Der Psychoanalytiker Alexander Mitscherlich analysierte diese Situation in den Sechzigerjahren folgendermaßen: »Im System der kulturellen Verhaltensmuster Nordamerikas ist es inzwischen zu einer schlichten Verachtung des Vaters gekommen. Die heutige amerikanische Kultur wird nicht mehr durch eine Rivalität mit dem Vater bewegt, [...] sie schließt vielmehr eine recht wenig affektbetonte Nichtbeachtung des Vaters in sich ein.« (*Auf dem Weg zur vaterlosen Gesellschaft. Ideen zur Sozialpsychologie*, München 1963, S. 187)

Für die Juden in ihrem Überlebenskampf war genau das Gegenteil wichtig. Der Patriarch der Familie war grundlegende Voraussetzung für den Fortbestand der Tradition, des jüdischen Bewusstseins überhaupt, ohne das die Juden als Volk in der Diaspora, in der Fremde, nicht weiter hätten existieren können, da sie keine Nation und keinen Staat bildeten.

Als wäre Einsamkeit in Amerika unausweichlich, als gehorchte Mendel mit seiner Vereinsamung einem ehernen Gesetz, endet der erste Teil des Romans mit den Worten: »Schon war er einsam, Mendel Singer, schon war er in Amerika …«

Selbst die Hoffnung, dass es wenigstens die Kinder schaffen werden, sich in Amerika ein Leben in Freiheit aufzubauen, wird in diesem Roman zunichtegemacht. Zwar heißt es zu Beginn des zweiten Teils von Mendel Singer, dass er »beinahe« (10. K., S. 105) heimisch in Amerika sei. Durch das ›beinahe‹ wird aber erst recht der große Abstand betont, der zwischen Mendel und seiner amerikanischen Umgebung besteht. Das Bewusstsein Mendels in seiner eingeschränkten Sicht steht an dieser Stelle in krassem Gegensatz zum Bewusstsein des Verfassers und auch des Lesers, dessen Blick über das Erlebte und den Erfahrungshorizont des Handelnden hinausgeht. Mendels angebliche Vertrautheit mit amerikanischen Umgangsformen kann nur Mitleid hervorrufen: »Er wusste bereits, dass old chap auf amerikanisch Vater hieß und old fool Mutter, oder umgekehrt.« (10. K., S. 105) Die nun folgende Beschreibung amerikanischer Verhältnisse aus Mendels Sicht ist ganz in diesem ironischen Ton gehalten.

Äußeres Anzeichen der Amerikanisierung ist das Grammophon, das Sam »schon« besitzt, und die Tatsache, dass Deborah schon »zehnmal« im Kino war (10. K., S. 106). Der heitere Ton kann jedoch nicht über Mendels Ernüchterung hinwegtäuschen. Das Grammophon steht bei Joseph Roth für Langeweile, für nicht bewältigte Einsamkeit, für die Unfähigkeit, sich selbst zu genügen. Über einen sich langweilenden Menschen schreibt er:

> Er war ein moderner Mensch. Er kam aus Amerika. Er konnte nicht allein sein, und er konnte nicht still sein. […] nun wandte er das letzte Mittel an, das die Menschen unserer Zeit gegen das Alleinsein zur Verfügung haben: Er drehte ein Grammophon auf. (›Ein Mensch hat Langeweile‹; *Münchner Neueste Nachrichten*, Ausgabe vom 1. September 1929; JRW III, S. 77 f.)

Noch unbarmherziger war Roths Haltung dem Film gegenüber. Im Laufe der Jahre steigerte er sich in einen regelrechten Hass gegen das Kino. 1934 schrieb er: »Ich kam nach Hollywood, nach Hölle-Wut, nach dem Orte, wo die Hölle wütet. […] Das ist der Ursprung aller Schatten der Welt, der Hades.« (*Der Antichrist*; JRW III, S. 614)

In der Familie Mendel Singers nimmt das Verhängnis langsam und fast unmerklich seinen Lauf. Deborah wird immer unzufriedener. Sie hatte gehofft, in Amerika eine neue Welt zu finden. Nun stellt sie fest, dass es in New York mehr Juden gibt als in Kluczýsk (vgl. 10. K., S. 107). Genau dieser Aspekt, der für Deborah eine Enttäuschung ist, bedeutet für Mendel zunächst, dass er äußerlich, bis auf die Lehrertätigkeit, an seinem Leben festhalten kann, an den gewohnten Mahlzeiten, den Stunden des Gebets. Für Mendel Singer bleibt die Welt trotz allem einheitlich; es gibt für ihn noch keinen Unterschied zwischen Sein und Schein. Auf den Vorwurf seiner Frau, »Du benimmst dich wie ein russischer Jude«, antwortet er schlicht: »Ich bin ein russischer Jude.« (12. K., S. 127)

Die Amerikanismen seines Sohns überhört er geflissentlich. Sam betont durch die häufig eingestreuten englischen Ausdrücke seinen unbedingten Willen zur Assimilation und den Abstand, der ihn von den Sitten seiner Heimat trennt. Mendel merkt es nicht oder will es nicht merken. Er möchte seine Kinder, insbesondere Schemarjah, vorbehaltlos bewundern.

Allerdings sieht Mendel seinen Aufenthalt in Amerika immer nur als vorübergehend an. Er träumt ständig von der Möglichkeit, wieder ins Schtetl zurückzukehren. – Die Sprache schaffte eine Kluft zwischen der Einwanderergeneration und ihren Kindern. Die Alten blieben noch lange beim Jiddischen, wie Joseph Roth 1927 in *Juden auf Wanderschaft* schrieb: »Er brauchte nicht Englisch zu verstehen. Die seit 30 Jahren im Judenviertel von New York ansässigen Juden sprechen auch noch Jiddisch und können ihre eigenen Enkel nicht mehr verstehen.« (JRW II, S. 882)

Jedoch bildet die Adaption des Englischen die Voraussetzung für eine erfolgreiche Integration. So ist die alte Vaterordnung geradezu auf den Kopf gestellt. Nicht mehr die Väter lehren die Kinder: »Mendel Singer wird [in Amerika] kein Lehrer mehr sein, der Vater eines reichen Sohnes wird er sein.« (7. K., S. 68) Die Söhne definieren sich nicht mehr von den Vätern her: »Hier war mein Großvater Lehrer; hier war mein Vater Lehrer, hier war ich ein Lehrer. Jetzt fahre ich nach Amerika.« (8. K., S. 89) Es ist vielmehr umgekehrt, die Väter verdanken ihre Existenz den Söhnen.

Doch selbst die Hoffnung, dass wenigstens den Kindern eine große schöne Freiheit in Amerika beschieden sein würde, geht im Roman nicht in Erfüllung – obwohl sich zunächst alles glücklich anlässt: Sam wird ein in Geschäftsdingen äußerst erfolgreicher Amerikaner und Mirjam nimmt durch ihre Beziehung zu Mac am gesellschaftlichen Aufstieg teil. In einem Brief der Familie, in deren Obhut Menuchim zurückgelassen wurde, wird mitgeteilt, dass dieser reden und laufen kann, und man erhält das erste Lebenszeichen von Jonas. »Da verließen zum ersten Mal die Sorgen das Haus Mendel Singers. Vertraut waren sie ihm gewesen, wie verhasste Geschwister.« (11. K., S. 117) Doch so groß die Hoffnung ist, so tief ist der Fall, der darauf folgt. Dieser ist bereits im fast märchenhaften Ton angedeutet, in dem Roth Mendels unrealistische Gedanken mitteilt: »Er glaubte seinen Kindern aufs Wort, dass Amerika das Land Gottes war, New York die Stadt der Wunder und Englisch die schönste Sprache. Die Amerikaner waren gesund, [...]. Die Welt wird sehr schön sein, dachte Mendel, glücklich mein Enkel!« (11. K., S. 118) Des Nachts steht er oft am Fenster und beobachtet einen Scheinwerfer, »der verzweifelt am nächtlichen Himmel Gott zu suchen schien« (11. K., S. 119). Er vergleicht diese Nacht der Gottferne mit Nächten in der Heimat. Er ist ein Ausgeschlossener, er steht nur am Fenster, nimmt nicht eigentlich mehr am Geschehen teil, weder an dem auf der Straße noch an dem in der Stube, der er den Rücken zukehrt.

Sams Erfolg in Amerika war für Deborah und Mirjam der Inbegriff geglückter Assimilation, die sie beide so sehr für sich selbst ersehnten. Sein Tod nimmt ihnen jegliche Hoffnung und lässt sie widerstandslos zusammenbrechen. Deborah stirbt und Mirjam verfällt dem Wahnsinn. »[H]inter den Fensterscheiben ist die Welt schwarz« (12. K., S. 129). Es gibt keine Hoffnung mehr. Mendel begreift, dass Amerika nicht die ersehnte Rettung sein konnte, es hat den Zerfall nur noch beschleunigt. Amerika als Lösung der europäischen Probleme hat versagt, auch für die nachfolgende Generation.

Mendel Singer steht alleine da, all seine Beziehungen sind zerbrochen. Er schickt sich an, auch noch die letzte Verbindung zu lösen, diejenige, die sein ganzes Leben hindurch immer die wichtigste für ihn gewesen war. Er bricht mit Gott.

Er lästert Gott. Allerdings kann man Gott nur lästern, wenn man an ihn glaubt. Er ruft: »Aus, aus, aus ist es mit Mendel Singer! […] Er hat keinen Sohn, er hat keine Tochter, er hat kein Weib, er hat keine Heimat, er hat kein Geld. Gott sagt: Ich habe Mendel Singer gestraft.« (13. K., S. 138) Von sich spricht er hier in der dritten Person, in der größtmöglichen Distanz. Indem er sich von Gott entfernt, ist er weiter von sich selbst entfernt als je zuvor. Das Personalpronomen der größten Nähe, die erste Person Singular, bleibt Gott vorbehalten.

Mendels vier Freunde, der Obsthändler Menkes, der Musikalienhändler Skowronnek, der Bibelschreiber Rottenberg und der Schuster Groschel, hindern ihn daran, Gebetsmantel und -schnüre zu verbrennen. Sie entsprechen den vier Freunden des biblischen Hiob, Eliphas, Bildad, Zophar und Elihu, allerdings auf einer ironisierenden Ebene. Von Mendels Freunden heißt es: »Alle vier lebten schon lange genug in Amerika, sie arbeiteten am Sabbat […], gegen manche Gesetze hatten sie verstoßen, […] [a]ber Gott wohnte noch in ihren Herzen.« (13. K., S. 139) Diesen Freunden gelingt offensichtlich, wozu Mendel und Deborah nicht fähig waren: Sie können die beiden auseinanderstrebenden Richtungen des Judentums, Orthodoxie und Assimilation, zusammenhalten. Sie bleiben zwar gläubige Juden, akzeptieren aber bestimmte Aspekte der Assimilation, etwa das Arbeiten am Sabbat. Nun unterbreiten sie ihrem Freund, indem sie ihn an das Schicksal des biblischen Hiob erinnern, ein Sinnangebot, das Mendel jedoch verwirft; aber indem er sich der Identifikation verschließt, kommt er der Radikalität des biblischen Hiob so nahe wie sonst nirgends. Er hat von diesem nicht nur das Leiden übernommen, sondern auch die Reden.

Der erste Lichtschein in Mendels versteinertes Herz kommt aus Europa. Heimlich legt er eine Grammophonplatte auf, ein Lied erklingt, und »Mendel [begann] zum ersten Mal seit langer Zeit zu weinen« (14. K., S. 152). Das Lied heißt ›Menuchims Lied‹. Für Mendel Singer kann der Trost und die Erlösung von seinem überwältigenden Schmerz nur aus Europa kommen. Europa war – nicht nur in Roths Augen – zerstört und krank wie Menuchim, aber man hatte genauso wenig das Recht, es zu verlassen, wie der Vater seinen kranken Sohn verlassen darf. Rottenberg hat es ausgesprochen: »Ein kranker Sohn war dir beschieden, und ihr habt getan, als wäre es ein böser Sohn.« (13. K., S. 141) Mendels einziges Sinnen richtet sich nun darauf, zurückzukehren nach Europa, zu Menuchim.

Bei der Schilderung des Sederabends der Familie Skowronnek beschwört Roth noch einmal die Notwendigkeit des orthodoxen Ostjudentums für das Weiterleben des jüdischen Glaubens. Mendel, der Ostjude, stützt nämlich ein den Tisch verlängerndes Brett. Ohne ihn würde die ganze feierliche Tafel zusammenbrechen. Er sitzt zwar als mittlerweile Geringster am äußersten Rand des Tisches; trotzdem ist gerade sein Vorhandensein erforderlich, um den Abend in der ehrfurchtsvollen Würde begehen zu können, die ihm zusteht. In dem Moment, in dem Mendel, der Tradition gemäß, die Tür für den die Ankunft des Messias ankündigenden Propheten Elias öffnet, tritt Menuchim ein. Roth schreibt versehentlich ›Eliahu‹. Eliahu oder Elihu ist in der biblischen Hiobslegende aber der vierte von Hiobs Freunden. Diesen Fehler wollte er in einer Nachauflage korrigieren lassen.

Die Anagnorisis, das Wiedererkennen von Vater und Sohn, ist die Peripetie, also der plötzliche Umschlag des Geschickes sowohl in Mendels Leben als auch im Roman. Menuchim ist in Europa gesund geworden und kommt, um den Vater zu holen. Selbst für Mirjam hat er Hoffnung. Er glaubt, dass sie in Europa geheilt werden kann. Auf etwas so Altmodisches wie ein Wunder, so die ›Botschaft‹, kann man nur im alten Europa hoffen, in Amerika darf man nicht daran glauben.

2 Die Spiegelmetapher

Dem Spiegel als Metapher des Subjekts begegnet man in Roths Werk sehr häufig. Immer handelt es sich dabei um ganz zentrale Stellen, um Momente der Selbstvergewisserung der sich im Spiegel betrachtenden Person.

In *Hiob* wird die Entfremdung zwischen Mendel Singer und seiner Frau in der Szene veranschaulicht, in welcher die nicht mehr junge Deborah sich im Spiegel betrachtet (vgl. 2. K., S. 24 f.). Sie ist bereits vor ihrem Mann erwacht, geweckt durch den Gesang eines Sperlings. Zunächst erscheint das Vogelgezwitscher wie eine Fortsetzung glücklicher Träume, und ihr Erwachen wird mit Vokabeln der Wärme beschrieben: Der Pfiff des Sperlings gleicht einem Sonnenstrahl, die warme Dämmerung durchdringt die Poren und Ritzen der hölzernen Fensterläden. Doch dann wird Deborahs Auge »klar, ihr Gedanke hart, ihr Herz kühl«. Die Natur – Dämmerung, Sonne, Holz – ist warm, dagegen sind alle Sinne der Frau kalt und gefühllos. Mit kaltem, also nicht mehr liebendem Blick betrachtet sie ihren Mann. Ihr liebloser Blick sieht nicht den einst geliebten, sondern den alternden Mann. Dann stellt sie sich vor den ›blinden Spiegel‹. Jetzt sind auch noch ihre Hände kalt, und mit harten Fingern reißt sie sich ein graues Haar aus. Kritisch, mit Abneigung auch sich selbst gegenüber, mustert sie ihre Brüste, ihren Bauch und ihre Schenkel. Plötzlich fühlt sie sich von einem offenen Auge des noch schlafenden Mendel beobachtet, das sich aber ohne Reaktion, ohne Erkennen wieder schließt. Das Auge wirkt auf Deborah wie ein vereister See. Ein zugefrorener See wirkt immer matt – genauso wie ein blind gewordener Spiegel. Liebende erkennen sich im Auge des anderen – Deborah kann sich im blinden Augenspiegel ihres Mannes nicht mehr erkennen. Die Kälte, die durch das Bild des vereisten Sees noch einmal besonders betont wird, herrscht nun zwischen den beiden Menschen. Dagegen wird der hereinbrechende Morgen wieder mit Worten der Wärme geschildert, die in diesem Zusammenhang eindeutig der erotischen Sphäre angehören: »Schon drang die anbrechende Hitze des jungen Tages in den morgendlich verdunkelten Raum«, »Sonnenstrahlen zwängten sich mit heißer Gewalt durch die Ritzen der Läden«. Deborahs »Sinne waren wach wie nie, [...] neue Sinne waren erwacht, [...] [s]ie sah, hörte, fühlte tausendfach«. Es sind die Wünsche einer Frau, die selbst noch Verlangen spürt nach etwas Jungem, Neuem, weil sie von ihrem Mann nicht mehr begehrt wird. Die beiden Eheleute sind einander vollkommen fremd geworden. Von dieser Minute an, die Deborah wie »ein Jahrzehnt« erscheint, ist zwischen ihnen gleichsam eine »Wand aus [...] Glas«. Das Auge hat Deborah an einen vereisten See erinnert, und diese Eiseskälte bleibt von nun an zwischen ihnen.

Auch von der später dem Wahnsinn verfallenden Tochter Mirjam heißt es, sie »kämmte sich vor dem erblindeten Spiegel« (5. K., S. 53). Ein blinder Spiegel gibt keine Auskunft mehr. Der Mensch, der vor ihm steht und versucht, hineinzusehen, ist auf sich selbst zurückgeworfen und erkennt keinerlei Veränderungen mehr an sich. Er behält im Gegenteil ein Bild von sich im Gedächtnis, das mit jedem Tag realitätsferner und schemenhafter wird. Auch den ihn umgebenden Raum kann der Mensch nicht mehr erkennen, er ist ohne Verbindung zu seiner Umwelt. Ihm fehlt der Bezug zur Wirklichkeit; es bleibt nur die immer blasser werdende und meistens verklärte Erinnerung an die Person, die er einmal darstellte, und die Umgebung, die ihn einmal geprägt hat. In ihrer Schizophrenie wird Mirjam später ein Teil ihrer Persönlichkeit abhandenkommen; doch schon jetzt hat sie dadurch, dass der Spiegel nicht mehr ihr Bild reflektiert, keine Kontrolle mehr über sich.

In seinem 1925 erschienenen Roman *Der blinde Spiegel* erklärt Joseph Roth seine Spiegelmetapher folgendermaßen:

> Stolz und mutig waren die Menschen, gewiß kamen sie aus den großen, kühlen, bewachten Häusern und aus den reichen Zimmern, in denen Spiegel an jeder Wand die Haltung ihrer Besitzer unter steter Aufsicht halten und bis zur Vollkommenheit verbessern. Wer aber, wie wir, aus den engen Häusern kommt und in den Zimmern mit den blinden Spiegeln heranwächst, bleibt zage und gering sein ganzes Leben lang. (JRW IV, S. 364)

Der Spiegel in seinem jeweiligen Erhaltungszustand steht einerseits für die soziale Stellung seines Besitzers und andererseits für die psychische Verfassung desjenigen, der sich des Spiegels bedienen will, das heißt desjenigen, der sein Spiegelbild befragen und von ihm eine unverfälschte und ehrliche Auskunft erhalten möchte. Er verweist nicht nur auf die schlichte Tatsache, dass ein Mittelloser sich keinen funktionstüchtigen neuen Spiegel leisten kann, sondern vor allem auch darauf, dass ein blinder Spiegel dem Armen keine Auskunft über sich mehr geben kann und ihn so eines wichtigen Mittels der Selbstkontrolle beraubt, das dem Reichen zur Verfügung steht.

In dem Moment, in welchem Mendel Deborah mitteilt, dass sie Mirjams wegen nach Amerika auswandern müssen, weil die Tochter mit einem Kosaken geht, wird es Tag und »[m]it einem hellen Blitz schlug die Sonne ans Fenster, traf den blanken Samowar aus Blech und entzündete ihn zu einem gewölbten Spiegel« (6. K., S. 68). Nun ist der Spiegel – oder der Samowar als Spiegel – blank und zeigt nicht nur alles scharf bis ins kleinste Detail, sondern, da er gewölbt ist, um ein Vielfaches vergrößert und damit überdeutlich die Wahrheit.

Verlagsprospekt für die zweite Auflage von Roths »Hiob« (1930).

V Literaturgeschichtliche Einordnung

Das alttestamentliche Buch Hiob gehört zur sogenannten biblischen Weisheitsliteratur. Ihr Thema ist das richtige Verhalten sowie das Verhältnis zwischen dem Handeln eines Menschen und seinem (Wohl-) Ergehen. Die Leidenschaft, mit welcher die Klagen Hiobs geführt werden, die Grundsätzlichkeit der Frage nach dem Sinn des Lebens und die sprachliche Schönheit der biblischen Legende sichern ihr einen Platz unter den bekanntesten Stoffen der Weltliteratur. Von der Antike über das Mittelalter bis hin zur Neuzeit haben sich die unterschiedlichsten Autoren der Figur des Hiob bedient, um ihre Vorstellungen von der Rechtfertigung Gottes angesichts des Bösen auszusprechen. Atheisten und Gläubige beschäftigten sich mit den Problemen, welche der biblische Text aufwirft: Die quälende Frage nach dem Warum von Leid und Tod auch Unschuldiger und Kinder inspirierte Philosophen, Theologen und Literaten zu Reflexionen und (Nach-) Dichtungen. Dabei unterschieden sich über einen sehr langen Zeitraum hinweg die jüdischen Hiobnachdichtungen von den christlichen. Erst im 20. Jahrhundert näherten sich diese getrennten Wege wieder einander an. Hiob als einerseits in seiner Tradition verhafteter, andererseits aber gegen sie rebellierender Held spiegelt nun den Zeitgeist des aufgewühlten Europa zwischen zwei Weltkriegen wider. Er wird zum Prototyp des haltlosen, suchenden, verlorenen Menschen. Die ›Hiobsbotschaft‹ ist Synonym für eine schlechte Nachricht, Hiobs Name Sinnbild für einen vom Schicksal geschlagenen Menschen. Das Bewusstsein, den Sinn des Leidens nie völlig ergründen zu können, ist allen Texten, die sich mit dem Hiobstoff auseinandersetzen, gemeinsam.

Um die Wende des 19. zum 20. Jahrhundert verbreitete sich der Hiobstoff in den verschiedensten Gattungen; es erschienen hebräische Gedichte, jiddische Prosatexte, vor allem aber Romane deutsch-jüdischer Autoren, die sich mit dem Thema auseinandersetzten. Bereits ein Jahr vor Joseph Roths Roman erschien Alfred Döblins (1878–1957) *Berlin Alexanderplatz. Die Geschichte vom Franz Biberkopf*, der erste Großstadtroman der deutschen Literatur. Nicht jeder tragische Held der Literatur kann als Hiob interpretiert werden. Da Franz Biberkopf jedoch im Roman an mehreren sehr ausführlichen Stellen explizit mit der biblischen Gestalt verglichen wird, muss er als Hiobfigur verstanden werden. Döblins eigene Hörspielfassung von *Berlin Alexanderplatz* setzt sogar mit einem Ausschnitt aus der ersten Hiobszene des Werkes ein.

Der Roman erzählt die Geschichte des Berliner Transportarbeiters Franz Biberkopf, der im Jähzorn seine Freundin erschlagen hat. Als er nach vier Jahren aus dem Gefängnis Tegel entlassen wird, fristet er – felsenfest entschlossen, anständig zu bleiben – als Zeitungsverkäufer und Hausierer sein Leben, fordert aber gleichzeitig vom Leben doch mehr als nur ein Butterbrot. Er macht bei einem Einbruch mit, gerät im wörtlichen Sinne unter die Räder, verliert dabei einen Arm, rappelt sich wieder auf, wird wegen Mordes an seiner Geliebten, den nicht er, sondern sein Kontrahent Reinhold (der weder rein noch hold ist) begangen hat, verhaftet und in eine Irrenanstalt eingeliefert. Das Gericht spricht ihn zu guter Letzt frei.

Von Anfang an ist Biberkopf als ein entwurzelter kleiner Ganove und Zuhälter aus der untersten Schicht der Gesellschaft gezeichnet, der weder die Größe des biblischen Vorbilds noch die schlichte Frömmigkeit Mendel Singers besitzt. Das Unglück des Franz Biberkopf resultiert aus seiner geistigen Orientierungslosigkeit und seiner Ohnmacht gegenüber seinem gewaltigsten Gegenspieler, der Großstadt Berlin mit ihren chaotischen Daseinsbedingungen, der er nichts entgegenzusetzen hat. Seine Lebensbahn ist von Beginn an abschüssig, gerade im Vergleich mit Mendel Singers einförmigem Dasein. Dessen Schicksalswendung kommt erst allmählich zur Entfaltung, und der Leser kann die Peripetie (den Umschlag des Glücks) miterleben. Trotzdem gibt es inhaltliche Bezüge und sogar wörtliche Entsprechungen zu Roths *Hiob*. Die Verzweiflung Biberkopfs, die in dem Aufschrei »mit mir ist es aus« gipfelt (Alfred Döblin: *Berlin Alexanderplatz. Die Geschichte vom Franz Biberkopf*. Düsseldorf und Zürich 2001, S. 427), klingt in Mendel Singers wiederholtem Ausbruch »Aus, aus ist es mit Mendel Singer!« nach (13. K., S. 138, und 14. K., S. 149).

Auch Roths Schilderung der Ankunft Mendels in New York, die Personifizierung der Großstadt mit ihren sekündlich wechselnden Szenen, dem lauten Wagenverkehr, den unzusammenhängenden, unverständlichen Handlungen der Menschen, den durch die Luft schwirrenden Sprachfetzen, mit einem Wort: die expressionistische Dämonisierung des Stadtbilds weist deutlich auf *Berlin Alexanderplatz* zurück. Während allerdings *Berlin Alexanderplatz* das erste Werk der deutschen erzählenden Prosa ist, das sich konsequent der Technik der Montage und Collage bedient, bleibt die New York-Szene die einzige in *Hiob*, die expressionistische Züge aufweist.

Von dieser Ausnahme abgesehen, bedient sich Joseph Roth in *Hiob* klassischer Stilmittel, die auf eine sehr alte Form, die Gattung der Legende, zurückgreifen. Der einfache Parabelbogen von Heimsuchung, Prüfung, Wunder und Erlösung wird – allerdings immer wieder ironisch gebrochen – eingehalten, die Erzählweise in *Hiob* ist ganz traditionell.

Das scheint im Widerspruch dazu zu stehen, dass Roth als einer der Begründer der sogenannten Neuen Sachlichkeit gilt. Er selbst jedoch wehrte sich immer vehement gegen diese Zuschreibung. Sie beruht auf dem berühmten und meistens gründlich missverstandenen Vorwort zu seinem Roman *Die Flucht ohne Ende*, der 1927 erschien:

> Im Folgenden erzähle ich die Geschichte meines Freundes, Kameraden und Gesinnungsgenossen Franz Tunda. Ich folge zum Teil seinen Aufzeichnungen, zum Teil seinen Erzählungen. Ich habe nichts erfunden, nichts komponiert. Es handelt sich nicht mehr darum zu ›dichten‹. Das wichtigste ist das Beobachtete. – Paris, im März 1927. Joseph Roth (*Die Flucht ohne Ende*; JRW IV, S. 391)

Immer wieder wurde Roth aufgrund dieses Diktums als Begründer der ›Neuen Sachlichkeit‹ in der Literatur, mit den bevorzugten Stilformen des Berichts und der Reportage, gefeiert. Der Begriff ›Neue Sachlichkeit‹ wurde von Gustav Friedrich Hartlaub (1884–1963) im Zusammenhang mit einer vielbeachteten Kunstausstellung im Jahre 1925 in der von ihm geleiteten Mannheimer Kunsthalle geprägt. Allerdings wurde dieser Begriff nur wenige Jahre später fast ausschließlich mit negativer Konnotation verwendet. Man kennzeichnete damit ab etwa 1927/28 eine Literatur, die nicht oder nicht mehr in der Lage war, die menschlichen Verhältnisse in allen ihren Facetten abzubilden. Wilhelm Emanuel Süskind (1901–1970) schrieb in einer Rezension von *Die Flucht ohne Ende*, Roth habe »so etwas wie ein Grundrecht der Neuen Sachlichkeit oktroyiert« (*Joseph Roth*. In: *Die Literatur*, Jahrgang 34 [1931/1932], Heft 1, S. 17 f.). Wolfgang Jehmüller konstatiert: »Roth bleibt es vorbehalten, der ›Neuen Sachlichkeit‹ in der Vorrede zu seinem Roman ›Die Flucht ohne Ende‹ das Motto zu liefern.« (*Zum Problem des »zweifachen Zeugnisses« bei Joseph Roth*. In: *text + kritik. Sonderband Joseph Roth*. Herausgegeben von Heinz Ludwig Arnold. München 1982, S. 67–75, hier S. 69) Hartmut Scheible ist der Meinung, Joseph Roths *Die Flucht ohne Ende* sei »ganz dem dokumentarischen Charakter, wenigstens der Intention seines Autors nach, verhaftet« (*Joseph Roth. Mit einem Essay über Gustav Flaubert*. Stuttgart 1971, S. 18). Auch David Bronsen, Roths Biograph, bezeichnet ihn als »vorübergehende[n] Anhänger der Neuen Sachlichkeit« (*Joseph Roth. Eine Biographie*. Köln 1993, S. 214). Selbst neuere Publikationen sehen in Roths Vorwort immer noch ein »Manifest der Neuen Sachlichkeit« und bezeichnen es als die »prägnanteste programmatische Darlegung dieser literarischen Tendenz« (*Reiner Wild: Beobachtet oder gedichtet? Joseph Roths Roman ›Die Flucht ohne Ende‹*. In: *Neue Sachlichkeit im Roman. Neue Interpretationen zum Roman der Weimarer Republik*. Herausgegeben von Sabina Becker und Christoph Weiß. Stuttgart und Weimar 1995, S. 27–48, hier S. 27).

Wie seine umstrittenen Sätze gemeint sind, erläuterte Roth selbst in einem Beitrag, der am 31. März 1929 – während er an *Hiob* schrieb – in der *Frankfurter Zeitung* erschien. Er woll-

---

Es ist deshalb gestattet, bei dieser Gelegenheit zu sagen, daß der Satz, der sich im Vorwort zur »Flucht ohne Ende« befindet: »Es handelt sich nicht mehr darum, ›zu dichten‹. Das Wichtigste ist das Beobachten« – seinen relativen Erfolg einem absoluten Mißverständnis zu verdanken hat. Das heißt: daß bei dem Ruf nach dem Dokumentarischen durchaus *nicht* die berühmte ›Neue Sachlichkeit‹ gemeint war, die das Dokumentarische mit dem Kunstlosen verwechseln möchte. In der Verwirrung der Gegenwart scheint die Vorsicht zu gebieten, was die Schreibregeln nicht gestatten: nämlich alles, was man in einfachen Anführungszeichen setzt, mit dreifachen zu versehen. Einsam, wie der deutsche Schriftsteller nun ist, geneigt, nach ›Stoffen‹ zu suchen, schien er einen deutlichen Hinweis auf den Reichtum der deutschen Gegenwart und der jüngsten Vergangenheit gebraucht zu haben. Nicht ›das Dichten‹, das ›Dichterische‹, die ›Dichtung‹ war im Gegensatz zum ›Authentischen‹ gestellt worden, sondern das, was das ›Dichten‹ allmählich geworden war, Ausdruck für ›romancer‹, für die Herstellung eines Geschlechts aus konstruierten, also verlogenen ›Erfindungen‹; während ringsum die Fülle der Gegenwart selbst dem Dilettanten Gelegenheit bot, Wichtiges und Interessantes mitzuteilen. [...] Heute aber macht sich die gefährliche Neigung bemerkbar, *nur mehr* das erkennbar Dokumentarische anzuerkennen. [...] Ein gutes ›Dichten‹ ist immer authentisch. [...] Man verwechselt das ›Erfundene‹ mit dem ›Konstruierten‹. Auch ›Erfinden‹ heißt ›Beobachten‹, gesteigertes ›Finden‹. Es lebe der Dichter! Er ist immer ›dokumentarisch‹! [...] Es gibt kein ›Gesetz‹, keine ›Norm‹, keine ›Regel‹. Es gibt nur schlechte Autoren und gute.

Joseph Roth, Es lebe der Dichter! (31. März 1929), in: JRW III, S. 45 f.

---

te kein deutscher Dichter in seiner Einsamkeit sein und, abgeschottet von der Welt, seiner Phantasie ungezügelten Lauf lassen. Ein solcher Dichter produziere nur Lügen. Nur noch erkennbar Dokumentarisches gelten zu lassen, lehnte Roth aber ebenfalls ab. Ihm ging es darum, die Wirklichkeit zwar genau zu beobachten, sie dann aber dichterisch zu überhöhen und dem Erzählten auf diese Weise zur Allgemeingültigkeit zu verhelfen. Er selbst blieb dieser Forderung in all seinen Dichtungen treu. Dadurch ist sein Werk zeitlos.

Roths abschließende Stellungnahmen zur Diskussion um die ›Neue Sachlichkeit‹ erschienen am 17. und 24. Januar 1930 in der *Literarischen Welt* unter dem Titel *Schluß mit der ›Neuen Sachlichkeit‹!* Ein Satz darin liest sich wie ein Kommentar zu *Hiob*: »Der wichtigste – und man gestatte gelegentlich ein pathetisches Wort: der erhabenste Gegenstand literarischer Behandlung ist der Mensch, der wirkliche, der lebendige Mensch. Einen Menschen so darzustellen, daß man ihn sieht, hört, fühlt, ist die Aufgabe der Autoren.« (JRW III, S. 157)

VI Rezeption

Der Roman wird mitunter deshalb nicht verstanden, weil sein Schluss falsch gedeutet wird. Die Beurteilungen Ludwig Marcuses und Wilhelm E. Süskinds fanden schon Erwähnung (vgl. S. 6 dieses Bandes); aber gerade das Ende von *Hiob* hat noch viele weitere Deutungen provoziert.

Die Betrachtung als »unmäßige[s] Wunder« oder »Taumel des Glücks« (Süskind) ist zu oberflächlich, der Schluss bedeutet mehr als nur einen Taumel des Glücks. Der Germanist Hans Otto Horch betrachtet das Romanende von einer anderen Warte aus. Er sieht das eigentliche Wunder nicht in der medizinisch durchaus erklärbaren Heilung Menuchims, sondern in »Mendels Wandlung« (*Zeitroman, Legende, Palimpsest. Zu Joseph Roths »Hiob«-Roman im Kontext deutsch-jüdischer Literaturgeschichte.* In: *Germanisch-Romanische Monatsschrift.* Neue Folge. Band 39 [1989], S. 210–226, hier S. 221). Menkes, der Bedächtigste seiner Freunde, spricht das deutlich genug aus: »Mendel, [...] wir sind gekommen, dich in deinem Glück zu sehn [...]. Nun erlebst du ein Wunder am lebendigen Leibe. [...] Groß sind die Wunder, die der Ewige vollbringt, heute noch wie vor einigen tausend Jahren. [...]« (15. K., S. 176)

Eindeutig bezieht sich Menkes mit diesen Worten auf das Wunder an Mendel selbst und nicht auf Menuchim. Der »Palimpsestcharakter« (die innere Abhängigkeit von einem früheren Text), den der Essayist, Erzähler, Kritiker, Übersetzer und Herausgeber Franz Blei (1871–1942) dem Roman bereits 1930 bescheinigte (vgl. Horch, S. 212, Anm. 13), tritt dadurch zutage, dass Menkes gleichsam durch das heutige Geschehen zurückblickt und Mendel daran erinnert, dass vor einigen tausend Jahren Ähnliches geschehen ist. Auch der Heidelberger Germanist Wilhelm Kühlmann ist der Ansicht, man müsse den Schluss »gegen den Strich lesen« (Kühlmann, S. 387).

Er interpretiert Menuchims Künstlertum als Zeichen des Übergangs von der tiefen Frömmigkeit des ostjüdischen Milieus hin zum kulturellen Angebot, religiöse Bedürfnisse aus zweiter Hand zu befriedigen. Der Germanist Gerhard vom Hofe ist der Meinung, dass der Schluss nicht »aufgesetzt« oder gar »sentimental« ist, sondern »literarisch möglich und logisch-ästhetisch folgerichtig« (*»Reigen aus Mühsal« und »Schwere des Glücks«. Joseph Roths Hiob-Deutung.* In: *»Die Schwere des Glücks und die Größe der Wunder«: Joseph Roth und seine Welt.* Karlsruhe 1994, S. 66–91, hier S. 89).

Der Philosoph Hermann Levin Goldschmidt hingegen bezeichnet den Roman wieder als »harmlos rührend – und auf die Dauer unerträglich harmlos« (*Vorwort nach fünfzig Jahren. Zu Margarete Susman: Das Buch Hiob und das Schicksal des Jüdischen Volkes.* Frankfurt am Main 1996, S. 7–20, hier S. 15). Hans Natonek unterhielt sich mit dem Freund Joseph Roth kurz vor dessen Tod über *Hiob.* Roths Äußerung wurde oft zitiert: »Es ist mir zu virtuos in seinem Geigenton; Paganini; das Leid ist zu schmackhaft und weich.« (*Joseph Roth.* In: *Die neue Weltbühne.* Jahrgang 35 [1939], Heft 22, S. 680–683, hier S. 682) Das betrifft ausdrücklich nicht den Schluss des Romans, von dem sich Roth nie distanziert hat. Im Übrigen war 1939, zum Zeitpunkt dieses Urteils, die Situation der Juden eine ganz andere als 1930, dem Entstehungsjahr des *Hiob.* Hartmut Scheible geht sogar so weit, im Schluss des Romans eine »nicht zu leugnende Abgeschmacktheit« zu sehen, die ein »Hohn auf die Romanfigur« sei (Scheible, S. 122). Claudio Magris sieht in *Hiob* den »ironischen Roman eines Intellektuellen«, mit der »Patina [Edelrost] des Archaischen und Naiven«. Seiner Meinung nach wandte Roth sich mit *Hiob* der vergangenen Geschichte zu, um »sich der Beruhigung einer schon abgelaufenen und geschehenen, einer schon in ihren Widersprüchen gelösten Geschichte zu vergewissern« (Magris, S. 116). David Bronsen nennt den Roman ein »Mysterienspiel in osteuropäisch-jüdischem Gewand, ein Spiel, das durch Aufhebung des Unglaubens Trost schenken kann« (Bronsen, S. 216 f.). Die Interpretation des *Hiob* als Legende und Mysterienspiel vernachlässigt jedoch einen Hauptaspekt des Romans, der von vielen Interpreten nicht oder nur am Rande wahrgenommen wird. Von einer Mythisierung kann deshalb nicht die Rede sein, weil sehr viele Details des ostjüdischen Lebens, wie zum Beispiel die bittere Armut, die ganz realistische Bedrohung durch Kosaken, die unzählige Male illegal organisierte Flucht vor dem drohenden Militärdienst oder der tausendfach gefasste Entschluss, auszuwandern, vom »Konflikt- und Realitätsgehalt« (Kühlmann, S. 387) des *Hiob* zeugen. Roth bleibt immer ein realistischer Schriftsteller, und zwar in mehrfachem Sinne: als Historiker, Analytiker, Diagnostiker und als Geschichtsdeuter.

Gerade um diesen Realitätsgehalt aufzudecken, ist es nach Gershon Shaked unerlässlich, die »Soziosemiotik« des Romans zu entziffern. Shaked erläutert dies am Wort ›weiß‹, das in China für Trauer steht, nicht aber bei uns. In der Zeichenreihe für Farben bedeutet es in beiden Kulturen dasselbe; in der Semiotik der Farben aber das Gegenteil. (*Wie jüdisch ist ein jüdisch-deutscher Roman? Über Joseph Roths »Hiob, Roman eines einfachen Mannes«.* In: Stéphane Moses und Albrecht Schöne [Hrsg.]: *Juden in der deutschen Literatur.* Frankfurt am Main 1986, S. 281–292, hier S. 283). In der Soziosemiotik werden Begriffe untersucht, die zwar von unterschiedlichen sozialen Gruppen dem Wortlaut nach verstanden werden, aber darüber hinaus noch etwas Zweites, nur einer eingeweihten Gruppe Verständliches, bedeuten. Beim Lesen von *Hiob* muss man sich über die Bedeutung vieler Begriffe, Gebärden und Handlungen, die Roth alle im Sinne der von Shaked sogenannten jüdischen Soziosemiotik verwendet, im Klaren sein.

Bereits in den Dreißigerjahren wurde in New York und Paris eine Bühnenfassung von Roths *Hiob* aufgeführt, auf deren Grundlage auch ein Spielfilm entstehen sollte. Nachdem ein erstes Skript des in Amerika lebenden russisch-jüdischen Bühnenautors Ossip Dynow und des Drehbuchautors Frederick Kohner verworfen worden war, wurde ein weiterer Drehbuchautor, Samuel G. Engel, hinzugezogen. Regie führten Otto Brower und Gregory Ratoff. Der Film mit dem Titel *Sins of Man. Based on the novel Job, by Joseph Roth* wurde am 19. Juni 1936 uraufgeführt (Twentieth Century-Fox Film Corp.; LP6491). Diese Hollywoodversion verkehrt geradezu den Sinn des Romans und passt ihn radikal dem Geschmack des amerikanischen Mittelstands an: Aus Mendel Singer wird ein katholischer Mesner [!], also jemand, der in der Kirche unter anderem dafür zuständig ist, die Glocken zu läuten. Zuchnow, das fiktive ostjüdische Schtetl, mutiert zur katholischen Gemeinde Gossensass in Südtirol. Die Frau des Protagonisten stirbt bei der Geburt des zweiten Sohns, der sich als gehörlos erweist; der erste Sohn wandert nach Amerika aus, um dort Ingenieur zu werden. Der Mesner gibt den zweiten Sohn in ein Kloster und vagabundiert selbst ziellos umher. Durch eine Explosion erlangt der im Kloster herangewachsene Sohn seinen Hörsinn. Er wird Musiker, wandert nach Amerika aus und führt dort die Familie zusammen.

In Frankreich wurde der Film *Sins of Man* am 14. August 1936 ausgerechnet unter dem Titel *Le chant des cloches* (›Der Klang der Glocken‹) gezeigt. Bedenkt man, welch unheilvolle Wirkung gerade der Klang der Glocken im Roman auf Deborah ausübt, wird der Missgriff dieses Titels offenbar.

Als der Film in Jerusalem aufgeführt wurde, rief die Ignoranz der Hollywoodproduktion gegenüber dem jüdischen Leben beim Publikum Empörung hervor. Ein Kritiker titelte: »Mendel Singer lässt sich taufen.« (*Haaretz*, 30. Dezember 1938)

Günter Mack (1930 bis 2007) als Mendel Singer in Michael Kehlmanns Fernsehspiel »Hiob« (ARD 1979).

Dem deutschen Publikum wurde *Hiob* durch das dreiteilige Fernsehspiel *Hiob* des Regisseurs Michael Kehlmann (1927 bis 2005) bekannter, das 1979 in der ARD lief. Kehlmann erkannte die erzählerische Qualität des *Hiob* und setzte sie einfühlsam um. Roths bilderreiche Sprache bewirkt, dass fast alle seine Romane leicht und eingängig verfilmbar sind. Der Schauspieler Günter Mack erhielt für seine Darstellung Mendel Singers eine ›Goldene Kamera‹.

Eine Bühnenadaption aus jüngerer Zeit ist die vielbeachtete Inszenierung der Münchner Kammerspiele in der Fassung des 1964 in Amsterdam geborenen Koen Tachelet unter der Regie von Johan Simons, die am 19. April 2008 Premiere hatte. Die Produktion war Gast bei zahlreichen Theaterfestivals in Europa – so bei den Wiener Festwochen 2008, auf der Siegener Biennale 2009, bei den Autorentagen im Hamburger

Thalia-Theater im Mai 2009, in Amsterdam (Juni 2009), bei der Ruhrtriennale im Oktober 2009, in Budapest (April 2010) und in Moskau (Oktober 2010). Die Presse feierte die Inszenierung begeistert. Der Kritiker der *Bayerischen Staatszeitung* bezeichnete die Bühnenfassung als »ein Theaterwunder von biblischen Ausmaßen«. André Jung zeige als Hiob »den Abdruck, den unfassbare Schicksalsschläge auf der Seele eines Menschen hinterlassen«. In der *Frankfurter Allgemeinen Zeitung* hieß es, besonders zum Ende hin erschaffe »der holländische Regisseur eine naive, unkitschige Menschlichkeit, gerade weil er den kleinen Schritt höher wagt, hin zur Künstlichkeit, die seine Bühne forciert. Um diese schließlich fallenzulassen – in ein herzlich empfundenes und ebenso beklatschtes Mitleid.« Für den Kritiker des *Münchner Merkur* war die Aufführung »so ergreifend wie der Roman selbst«; sie sei »nie sentimental, vermeidet jegliche Tümelei, verzichtet auf ›jiddisches Milieu‹ sowie bebildernden Realismus«. Überzeugt hatte den Rezensenten auch der »raffinierte[ ] Klang- und Geräuschteppich [...], mit fernen Stimmen, leiser Musik, Tönen aus der Natur«, mit dem das gesamte Geschehen unterlegt sei. Die *Süddeutsche Zeitung* schließlich urteilte: »Es ist das ganze jahrtausendealte Leid seines Volkes, das aus dem Juden Mendel hervorbricht, und wie André Jung das spielt, verschlägt einem den Atem.« Die Lehre des Abends sei: »Alles Böse schleicht langsam, das Plötzliche ist das Gute.« »Das Glaubensbekenntnis von Joseph Roth war der Mensch. Johan Simons und sein Ensemble haben diesen Glauben ebenso zartbesaitet wie festentschlossen zum Leben erweckt und eine ganze Welt auf der kleinen Platte der Bühne eingraviert: als leuchtendes Beispiel ihrer Kunst.« (Alle Zitate nach: http://www.muenchner-kammerspiele.de/programm/hiob/pressestimmen.)

Auswahlbibliographie

Textausgabe

Joseph Roth: Hiob. Roman eines einfachen Mannes. Textausgabe mit Materialien, erarbeitet von Dieter Schrey. Braunschweig: Schroedel Verlag 2012 (Texte. Medien).
Nach dieser Ausgabe wird zitiert. Zitatnachweise aus dem Primärtext erfolgen durch einfache Nennung der Seite.

Werk- und Briefausgaben

Joseph Roth: Werke. Bände 1–3. Das journalistische Werk. Herausgegeben von Klaus Westermann. Bände 4–6. Romane und Erzählungen. Herausgegeben von Fritz Hackert. Köln: Verlag Kiepenheuer & Witsch 1989–1991 (zitiert als: JRW).

Joseph Roth: Briefe 1911–1939. Herausgegeben und eingeleitet von Hermann Kesten. Köln und Berlin: Verlag Kiepenheuer & Witsch 1970 (zitiert als: JRB).

Joseph Roth: Aber das Leben marschiert weiter und nimmt uns mit. Der Briefwechsel zwischen Joseph Roth und dem Verlag De Gemeenschap 1936–1939. Herausgegeben und eingeleitet von Theo Bijovet und Madeleine Rietra. Köln: Verlag Kiepenheuer & Witsch 1991.

Joseph Roth: Jede Freundschaft mit mir ist verderblich. Joseph Roth und Stefan Zweig. Briefwechsel 1927–1938. Herausgegeben von Madeleine Rietra und Rainer Joachim Siegel. Göttingen: Wallstein Verlag 2011 (zitiert als: Briefwechsel Roth/Zweig).

Gesamtdarstellungen und Lebenszeugnisse zu Joseph Roth

Bronsen, David: Joseph Roth. Eine Biographie. Köln: Verlag Kiepenheuer & Witsch 1993. Gekürzte Fassung der gleichnamigen Ausgabe Köln 1974 (zitiert als: Bronsen).

Morgenstern, Soma: Joseph Roths Flucht und Ende. Erinnerungen. Lüneburg: D. zu Klampen 1994 (zitiert als: Morgenstern).

Sternburg, Wilhelm von: Joseph Roth. Eine Biographie. Köln: Verlag Kiepenheuer & Witsch 2009.

Süskind, Wilhelm Emanuel: Joseph Roth. In: Die Literatur. Jahrgang 34 (1931/1932), S. 17–20 (zitiert als: Süskind).

Andere Quellen und Darstellungen zu Joseph Roth

Arnold, Heinz Ludwig (Hrsg.): Joseph Roth. Sonderband aus der Reihe text + kritik. München: Verlag text + kritik 1982. Unveränderter Nachdruck Juni 1995.

Grubel, Fred: Schreib das auf eine Tafel die mit ihnen bleibt. Jüdisches Leben im 20. Jahrhundert. Wien, Köln und Weimar: Böhlau Verlag 1998 (zitiert als: Grubel).

Kühlmann, Wilhelm: Denkbilder jüdischer Existenz. Bemerkungen zur Hiobdichtung Joseph Roths. In: Hans-Peter Ecker (Hrsg): Methodisch reflektiertes Interpretieren. Passau: Rothe Verlag 1997, S. 375–387 (zitiert als: Kühlmann).

Lunzer, Heinz, und Victoria Lunzer-Talos: Joseph Roth 1894 bis 1939. Katalog zu einer Ausstellung des Jüdischen Museums der Stadt Wien 1994/1995. Wien: Dokumentationsstelle für Neuere Österreichische Literatur 1994 (zitiert als: Lunzer-Talos).

Marcuse, Ludwig: Eine neue Hiob-Legende. In: Das Tagebuch 11 (1930), Jahrgang 44, S. 1772 f. (zitiert als: Marcuse).

Scheible, Hartmut: Joseph Roth. Mit einem Essay über Gustav Flaubert [Dissertation]. Stuttgart: Kohlhammer Verlag 1971 (zitiert als: Scheible).

Allgemeine Darstellungen zu historischen Zusammenhängen

Besenböck, Oskar: Die Frage der jüdischen Option in Österreich 1918–1923. Wien: [Dissertation ohne Verlagsangabe] 1992 (zitiert als: Besenböck).

Döblin, Alfred: Reise in Polen. Berlin 1926. Neuauflage: Olten: Walter Verlag 1968 (zitiert als: Döblin).

Encyclopaedia Judaica. Das Judentum in Geschichte und Gegenwart. 10 Bände. Berlin: Eschkol Verlag 1928–1934.

Geisel, Eike: Im Scheunenviertel. Bilder, Texte und Dokumente. Mit einem Vorwort von Günter Kunert. Berlin: Verlag Severin und Siedler 1981 (zitiert als: Geisel).

Haumann, Heiko: Geschichte der Ostjuden. Aktualisierte und erweiterte Neuausgabe. München: Deutscher Taschenbuch Verlag 1990, 4. Auflage 1998 (zitiert als: Haumann).

Landauer, Gustav: Ostjuden und Deutsches Reich. In: Der Jude. Eine Monatsschrift. Erster Jahrgang. Berlin und Wien 1916–1917, S. 433–439.

Magris, Claudio: Weit von wo. Verlorene Welt des Ostjudentums. Übersetzt von Jutta Prasse. Wien: Europaverlag 1974 (zitiert als: Magris).

Sass, Anne Christin: Berliner Luftmenschen. Osteuropäisch-jüdische Migranten in der Weimarer Republik. Göttingen: Wallstein Verlag 2012 (zitiert als: Saß).

Schoeps, Julius (Hrsg.): Neues Lexikon des Judentums. Gütersloh und München: Bertelsmann-Lexikon-Verlag 1998.

Susman, Margarete: Das Buch Hiob und das Schicksal des jüdischen Volkes. Mit einem Vorwort von Heinrich Schlier und einer Einführung von Hermann Levin Goldschmidt. Freiburg, Basel und Wien: Verlag Herder 1968.

Zborowski, Mark, und Elisabeth Herzog: Das Schtetl. Die untergegangene Welt der osteuropäischen Juden. Aus dem Amerikanischen von Hans Richard. München: Verlag C. H. Beck 1991, 3. Auflage 1992 (zitiert als: Zborowski/Herzog).

Hörbücher (Auswahl)

Hiob. Hörspiel nach dem Roman von Joseph Roth in einer Fassung von Koen Tachelet. 2 Audio-CDs. Wien: Mono Verlag 2011.

Joseph Roth: Hiob. Gelesen von Peter Matic. 5 CDs. Zürich: Diogenes Verlag 2008.

Über die Autorinnen

Eva Raffel, geboren 1955 in Pirmasens, studierte Germanistik, Philosophie und Mittellatein. Promotion mit der Dissertation: *Vertraute Fremde. Das östliche Judentum im Werk von Joseph Roth und Arnold Zweig.* Tätigkeiten an der Universität Heidelberg und der Badischen Landesbibliothek Karlsruhe. Seit 2004 als wissenschaftliche Mitarbeiterin an der Herzogin Anna Amalia Bibliothek in Weimar tätig. Projekte, Ausstellungen und Veröffentlichungen zur Erschließung von Drucken und Handschriften von der frühen Neuzeit bis zur Gegenwart.

Helena-Lisa Näher, geboren 1984 in Berlin, studierte Neuere deutsche Literatur, Psychologie und Philosophie an der Freien Universität Berlin. Magisterarbeit zu *Alfred von Berger und die Studien über Hysterie.* Anschließend als freie Lektorin und für gemeinnützige Organisationen im Bildungsbereich tätig.

Bildquellenverzeichnis

Titelbild: Ein Melamed (Kleinkinderlehrer) mit seinen Schülern, Lublin 1924. Foto: Alter Kacyzne. Aus: Alter Kacyzne: Poyln: eine untergegangene jüdische Welt. Herausgegeben von Marek Web. Berlin: Aufbau-Verlag 2000, S. 24

S. 9: © ullstein bild

S. 21 und 65: Aus: Die jüdische Welt von gestern: 1860–1938. Text- und Bild-Zeugnisse aus Mitteleuropa. Herausgegeben von Rachel Salamander. Mit Textbeiträgen von Schalom Ben-Chorin und anderen. Bildauswahl und Gestaltung von Christian Brandstätter. Wien: Verlag Christian Brandstätter 1990, S. 60 und 28

S. 35: historische Postkarte, Privatbesitz Dr. Eva Raffel, Tübingen

S. 45 und 97: © ullstein bild – The Granger Collection

S. 55: © ddp images/dapd. Foto: Axel Heimken/dapd

S. 69, 73 und 89: Aus: Alter Kacyzne (1885–1941): Poyln: eine untergegangene jüdische Welt. Herausgegeben von Marek Web. Berlin: Aufbau-Verlag 2000, S. 143, 23 und 156

S. 77: © Verlag Kiepenheuer & Witsch GmbH & Co. KG, Köln

S. 110: © ullstein bild – Imagno

S. 121: © ddp images

Bereits erschienen:
Alfred Andersch: *Sansibar oder der letzte Grund* (47726)
Bertolt Brecht: *Leben des Galilei* (47702)
Georg Büchner: *Dantons Tod* (47719)
Georg Büchner: *Woyzeck* (47708)
Friedrich Dürrenmatt: *Der Besuch der alten Dame* (47706)
Friedrich Dürrenmatt: *Die Physiker* (47712)
Theodor Fontane: *Effi Briest* (47707)
Theodor Fontane: *Irrungen, Wirrungen* (47722)
Max Frisch: *Homo faber* (47718)
Johann Wolfgang von Goethe: *Die Leiden des jungen Werther* (47701)
Johann Wolfgang von Goethe: *Faust I* (47721)
Johann Wolfgang von Goethe: *Iphigenie auf Tauris* (47715)
Günter Grass: *Im Krebsgang* (47730)
Franz Kafka: *Der Proceß* (47703)
Franz Kafka: *Die Verwandlung* (47727)
Heinrich von Kleist: *Das Erdbeben in Chili* (47709)
Heinrich von Kleist: *Die Marquise von O…* (47734)
Heinrich von Kleist: *Michael Kohlhaas* (47705)
Heinrich von Kleist: *Prinz Friedrich von Homburg* (47713)
Wolfgang Koeppen: *Tauben im Gras* (47714)
Christian Kracht: *Faserland* (47729)
Gotthold Ephraim Lessing: *Emilia Galotti* (47724)
Thomas Mann: *Buddenbrooks* (47716)
Thomas Mann: *Der Tod in Venedig* (47728)
Thomas Mann: *Mario und der Zauberer* (47717)
Friedrich Schiller: *Die Jungfrau von Orleans* (47737)
Friedrich Schiller: *Don Karlos* (47704)
Friedrich Schiller: *Kabale und Liebe* (47723)
Friedrich Schiller: *Maria Stuart* (47700)
Arthur Schnitzler: *Leutnant Gustl* (47710)
Arthur Schnitzler: *Traumnovelle* (47711)
Peter Stamm: *Agnes* (47720)

Folgende weitere Bände der Reihe »Schroedel Interpretationen« erscheinen 2013:
Gerhart Hauptmann: *Vor Sonnenaufgang* (47738; Sommer 2013)
E. T. A. Hoffmann: *Der Sandmann* (47725; Frühjahr 2013)
Daniel Kehlmann: *Die Vermessung der Welt* (47736; Sommer 2013)
Gotthold Ephraim Lessing: *Nathan der Weise* (47732; Sommer 2013)
Sophokles: *Antigone* (47735; Frühjahr 2013)

Inhaltsverzeichnisse und **Probeseiten** finden Sie unter: http://www.schroedel.de/Interpretationen

Eine Auswahl von Lektüren der Reihe Texte.**Medien** **(Textausgaben mit Materialien)**

Die einzelnen Bände werden jeweils durch **Arbeitshefte**, **Informationen für Lehrerinnen und Lehrer** und zum Teil **mediales Zusatzangebot** ergänzt:

Georg Büchner: *Dantons Tod* (47022)
Georg Büchner: *Woyzeck* (47028)
Johann Wolfgang von Goethe: *Faust. Der Tragödie erster Teil* (47009)
Johann Wolfgang von Goethe: *Iphigenie auf Tauris* (47422)
Heinrich von Kleist: *Michael Kohlhaas* (47027)
Friedrich Schiller: *Kabale und Liebe* (47423)
Arthur Schnitzler: *Traumnovelle* (47006)

Weitere Titel sowie eine Übersicht zu geplanten neuen Textausgaben finden Sie unter: www.schroedel.de/textemedien